AF310464

JEAN-BASTIA

Confections pour Dames
.... et pour Maris

Fantaisie en un Acte

D'après le Vaudeville en trois Actes

de Valabrègue et Hennequin : CORALIE & Cⁱᵉ

Prix Net : 1 fr. 50

PARIS

DIAPASON ... CHAVAT & GIRIER, Éditeurs

11, Faubourg Saint-Denis, 11

Confections pour Dames

....et pour Maris

*A Fradel et à Chambot
en toute cordialité.*

Jean BASTIA.

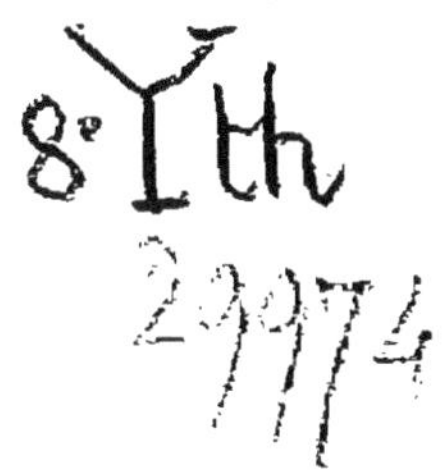

Confections pour Dames
....et pour Maris

Fantaisie en un Acte

D'après le Vaudeville en trois Actes

de Valabrègue et Hennequin : CORALIE & C⁰

Prix Net : 1 fr. 50

PARIS

« AU DIAPASON », CHAVAT & GIRIER, Éditeurs

11, Faubourg Saint-Denis, 11

CONFECTIONS POUR DAMES

....ET POUR MARIS

Fantaisie en un acte de Jean BASTIA

Représentée pour la première fois à Bordeaux, Théâtre des Bouffes-Bordelais, le 25 Septembre 1900.

Représentée pour la seconde fois à Rouen, Théâtre des Folies-Bergère, le 27 Septembre 1901.

Représentée pour la troisième fois à Lyon, Théâtre de l'Eldorado, le 4 Octobre 1901.

Distribution de la Création à Bordeaux

CHAMBÉRI (45 ans)......	MM.	CHAMBOT.
LAROUSSE (60 ans)......		GARNIER.
VERMAUREL (40 ans).....		BLONDIN.
ESCORÉFÉRINS (40 ans).		LEGRAS.
FRONTBOISE (69 ans)...		CASTAING.
MOUCHE (40 ans)........		VALLA.
PREMIER AGENT		GAYAR.
DEUXIÈME AGENT.....		LÉON.
UN GROOM (nègre)......		LE PETIT HENRI.
LOUISA (30 ans).........	Mmes	MI-KLOS.
LAURE ESCORÉFÉRINS (72 ans)..................		BRARD.
CLÉMENCE (23 ans).....		CARIBERT.
MATHILDE (22 ans).....		HERMON.
ALICE, petite ouvrière....		DHARLOS.
MARTHE, petite ouvrière.		PAULETTE ROY.
DES OUVRIÈRES.		

DÉCOR

Un atelier de couture.

Trois portes : Une au premier plan gauche, porte secrète se confondant avec la tapisserie et donnant sur un placard ; une deuxième porte au deuxième plan gauche (la porte **A**) ; une troisième au deuxième plan droite (la porte **B**).

Près de la porte de droite, entre le deuxième et le premier plans, un panneau tournant est pratiqué dans le mur, comme cela existe dans la pièce de Valabrègue : « CORALIE & C⁰ ». Ce panneau tournant est mû censément à l'électricité et sous la simple pression d'un bouton. Il représente, d'un côté des rayons d'étoffes, comme on en trouve dans les magasins de nouveautés ; et, de l'autre côté, une commode psyché ; et, au-dessus, accroché dans la partie tournante du mur, un tableau qui représente une femme nue, toujours comme dans la pièce de Valabrègue.

Au mur, des gravures de modes.

Une table d'atelier de couture est située vers le milieu de la scène, un peu à gauche et un peu au deuxième plan. Au milieu de la scène, un peu à droite et au premier plan, se trouve un guéridon. Ce guéridon et cette table sont surchargés d'objets en confection.

Contre le mur du fond se trouvent : à gauche, une crédence sur laquelle est un gros livre et de quoi écrire ; à droite, un cornet acoustique.

Des chaises partout.

Une chaise notamment sur la plaque mobile qui fait tourner avec elle le panneau.

Au lever du rideau, ce panneau représente au public le côté « étoffes ».

SCÈNE PREMIÈRE

ALICE, MARTHE, LES OUVRIÈRES, puis LOUISA, puis CHAMBÉRI, et ESCORÉFÉRINS

Au lever du rideau, les ouvrières, parmi lesquelles Alice et Marthe, sont assises autour de la table et du guéridon. Elles cousent en chantant, sur l'air du refrain de la chanson *L'Enfant du cordonnier :* « Je suis le fils d'un gnaf gnaf gnaf, etc... », les paroles suivantes :

> Il est des maris, ris, ris
> Cornards bien connus
> Qui sont très marris ris ris
> D' leurs malheurs cornus,
> Mais les gens d'esprit prit prit
> Toujours ont vécu
> Dans un beau mépris pris pris
> D'être faits cocus

Louisa entre porte B, sur les dernières mesures.

LOUISA

Le travail avance, mesdemoiselles ?

LES OUVRIÈRES

Oui, madame.

LOUISA

Le manteau de madame Escoréférins ?

ALICE

Il est terminé, madame.

Chambéri et Escoréférins entrent porte A.

CHAMBÉRI et ESCORÉFÉRINS

Mesdames !...

LOUISA

Précisément, voici M. Escoréférins !

ESCORÉFÉRINS

Lui-même, chère madame... en chair et en os... En os...
O. S. bien entendu... parce que pour être en « noce »...
il est encore trop tôt...

CHAMBÉRI

Il ne marche que la nuit...

LOUISA

Serait-il somnambule ?

> Les ouvrières rient.

ESCORÉFÉRINS, apercevant les ouvrières.

Oh ! ces chères enfants !... Bonjour les gosses !... on va
bien ?...

> Il les embrasse l'une après l'autre, et va déposer
> son chapeau sur la table.

CHAMBÉRI

Eh bien ! mais ne te gêne pas !...

ESCORÉFÉRINS

Tu peux y aller si le cœur t'en dit... c'est ma tournée...
c'est moi qui régale...

CHAMBÉRI

Oh ! alors...

> Chambéri se met en devoir de les embrasser toutes
> à la ronde tandis qu'Escoréférins continue sa
> tournée.

LOUISA

Pour un papillon de nuit, vous vous conduisez assez bien
le jour...

ESCORÉFÉRINS

Oui, mais je ne suis pas quand même des plus lucides...

CHAMBÉRI

C'est parce qu'il n'éclaire pas...

LOUISA

Dites donc, quoique y voyant moins bien pendant le
jour, n'avez-vous pas rencontré votre femme en venant ici ?

ESCORÉFÉRINS

Ne m'en parlez pas... j'ai failli me trouver nez à nez avec elle à votre porte... Par bonheur, un urinoir se trouvait là... je m'y réfugie et je laisse passer l'orage !...

CHAMBÉRI

Tu sais qu'elle t'a vu...

ESCORÉFÉRINS

C'est possible... seulement, par décence, elle ne pouvait pas me suivre dans ce Saint des Saints aux seuls hommes réservés...

LOUISA

Vous évitez votre femme ?

ESCORÉFÉRINS

Comme la picote !... Elle me fait l'effet de la huitième plaie d'Egypte !...

Les ouvrières pouffent.

ALICE

Et pourquoi l'avez-vous épousée ?

ESCORÉFÉRINS

Et pourquoi que j'étais purée et qu'elle avait deux petits millions bien sonores ?.. Vous ne vous imaginez pas peut-être que je l'ai conduite à l'autel uniquement parce qu'elle avait trente-deux ans de plus que moi ?...

MARTHE, riant.

Je le crois...

ESCORÉFÉRINS

Je n'ai acheté ce vieux tableau qu'à cause du cadre...

CHAMBÉRI

Et maintenant tu voudrais te débarrasser de la toile ?

ESCORÉFÉRINS, protestant.

De la toile ! dis donc de la peau, oui !...

LES OUVRIÈRES

Oh !... Oh !...

LOUISA

Elle est venue me faire une scène...

ESCORÉFÉRINS,

Parbleu !... ça ne m'étonne pas...

LOUISA

Et elle est partie sans me payer...

ESCORÉFÉRINS

Oh ! ça ne me regarde pas... Je veux bien consentir à payer les dettes de mes maîtresses... mais qu'on ne me parle pas des dettes de ma femme...

CHAMBÉRI

Madame Louisa, personne n'est encore venu pour moi ?

LOUISA

Personne !...

CHAMBÉRI

Mademoiselle Mathilde Vermaurel ?...

LOUISA

Non !... pas encore !...

CHAMBÉRI, consultant sa montre.

C'est extraordinaire ce qu'elle est en retard...

SCÈNE II

LES MÊMES, plus MATHILDE

MATHILDE, paraissant porte A.

Coucou...

CHAMBÉRI, allant à elle.

Mathilde !

ESCORÉFÉRINS, s'inclinant.

Madame...

LOUISA

Chère mademoiselle !...

MATHILDE

Madame !...

Elle salue Escoréférins de la tête, comme on salue quelqu'un qu'on ne connaît pas.

CHAMBÉRI

Ma chère Mathilde, permettez-moi de vous présenter M. Escoréférins, un de mes meilleurs amis... (Présentant Mathilde.) Mademoiselle Mathilde Vermaurel... (Après une hésitation.) ma fiancée...

ESCORÉFÉRINS

Très honoré, mademoiselle !...

MATHILDE, s'inclinant.

Monsieur...

ESCORÉFÉRINS, à part, avec un claquement de doigts qui a l'air de dire : Femme épatante !

Uhhh !...

LOUISA

Vous venez pour essayer, chère mademoiselle ?...

MATHILDE

Oui, madame.

LOUISA

Hé bien ! M. Escoréférins et ces demoiselles vont se retirer et nous allons procéder à cette petite cérémonie...

ESCORÉFÉRINS

Mais comment donc, bien volontiers...

CHAMBÉRI, bas à Escoréférins, d'un ton de reproche à la blague.

Impoli !...

ESCORÉFÉRINS, se rétractant.

Ce n'est pas ce que j'ai voulu dire...

> Chambéri sourit. Les ouvrières se lèvent et sor-
> tent porte **A.**

ESCORÉFÉRINS, bas à Chambéri.

Dis donc, en voilà une qui ne vient pas ici que pour les étoffes ?...

CHAMBÉRI

Comment ?...

ESCORÉFÉRINS

Mais aussi pour les draps...

CHAMBÉRI

Oh ! crois bien...

ESCORÉFÉRINS

Non ?... Ah !... (Voulant entraîner Chambéri.) **Alors** viens-tu ?...

CHAMBÉRI

Non !... je reste...

ESCORÉFÉRINS

Comment, **tu assistes à l'essayage** ?...

CHAMBÉRI

C'est ma fiancée...

ESCORÉFÉRINS

La raison serait mauvaise si elle était vraie... mais comme elle n'est pas vraie, elle est mauvaise tout de même...

CHAMBÉRI, avouant.

Eh ! bien oui c'est vrai, là...

ESCORÉFÉRINS

A la bonne heure... j'aime mieux ça...

CHAMBÉRI

Mais entre nous, n'est-ce pas ?...

ESCORÉFÉRINS

Sois tranquille...

Escoréférins sort porte A, après s'être, en passant,
incliné devant Mathilde.

MATHILDE, à Louisa.

Oui, M. Chambéri m'a mise au courant...

LOUISA

Il vous a dit que vous étiez ici en toute sécurité...

CHAMBÉRI

Oui... je lui ai expliqué... La maison Louisa et Cie de
X.... est construite sur les bases de la célèbre maison
Coralie et Cie de Paris.... Ce sont les mêmes trucs.... Tiens,
vois-tu ?... Voici le panneau tournant... et voici la chambre... regarde...

MATHILDE, regardant porte B.

C'est une chambre ordinaire...

LOUISA

En apparences seulement...

MATHILDE

Oui ! à part les gravures sales accrochées partout...

CHAMBÉRI

Et si un commissaire de police arrive, le concierge donne
l'alarme en faisant résonner ce timbre-ci... (Ce-disant, il montre du seuil de la porte B le timbre en question qui est situé à l'exté-
rieur de la scène et invisible pour le public.) Moi je demeure au lit
bien tranquille... Toi tu te lèves...

MATHILDE, étonnée.

Comment je me lève ?...

CHAMBÉRI

C'est indispensable... Tu presses sur le bouton qui se trouve ici... tout tourne...

> Toujours sur le pas de la porte B, Chambéri fait mine, de son bras gauche, de presser un bouton invisible pour le public ; aussitôt le panneau tournant tourne sur lui-même et présente le côté « psyché ».

MATHILDE, effrayée.

Qu'est-ce que c'est que ça ?

CHAMBÉRI

La machination spéciale... (L'entraînant vers la porte B et lui montrant la chambre truquée.) Que vois-tu, maintenant ?...

MATHILDE, sur le pas de la porte B. Stupéfaite du changement.

Ah ! il n'y a plus d'alcôve... plus de commode... même plus de gravures sales...

LOUISA

N'est-ce pas que c'est merveilleux ?...

MATHILDE

C'est épatant !... mais après ?...

CHAMBÉRI

Eh bien ! après. tu te trouves dans une pièce qui n'a plus l'aspect d'une chambre mais celui d'un salon d'essayage...

MATHILDE

Oui, mais je suis en chemise...

LOUISA, faisant mine de mesurer avec un centimètre la taille de Mathilde comme pour lui prendre mesure d'un corset.

C'est alors que j'arrive... je vous prends mesure avec mon centimètre... et quand le commissaire de police entre, voilà dans quelle position il nous trouve...

MATHILDE, comprenant.

Fort bien !

LOUISA

Il se retire tout capot...

CHAMBÉRI

Le mari aussi...

LOUISA

Et le tour est joué...

CHAMBÉRI

As-tu peur maintenant ?...

MATHILDE, rassurée.

Oh ! plus du tout.

CHAMBÉRI, l'entrainant porte B.

Alors... viens...

MATHILDE

Bien volontiers !

LOUISA

Renvoyez-moi mes rayons d'étoffes...

Chambéri, après Mathilde, a passé la porte B.

CHAMBÉRI, criant du dehors.

Oui !... boum !... voilà...

Le panneau tourne de nouveau et présente le côté
« rayons d'étoffes » aperçu précédemment.

LOUISA

Merci !... (Elle va fermer la porte B, puis allant à la porte A, elle appelle ses ouvrières.) Mesdemoiselles !... (Revenant en scène.) Quel paillard ce M. Chambéri !... non, mais en use-t-il des femmes !... (Se tapant sous le sein gauche.) Ce n'est pas un cœur qu'il a ici... c'est un sommier élastique...

SCÈNE III

LOUISA, ESCORÉFÉRINS. MARTHE, ALICE
LES OUVRIÈRES

LOUISA, aux ouvrières qui rentrent.

A l'ouvrage, mesdemoiselles...

Tout le monde s'assied et reprend ses places du lever du rideau.

LOUISA, voyant entrer Escoréférins à la suite des ouvrières.

Encore vous !...

ESCORÉFÉRINS

Cet « encore » est on ne peut plus aimable !...

LOUISA

Vous faites perdre leur temps à mes ouvrières...

ESCORÉFÉRINS

Moi !... Oh ! si on peut dire !... Je suis revenu pour chercher mon chapeau... mais je m'en vais... je m'en vais...

Ce disant, il a pris son chapeau sur la table.

LOUISA

A la bonne heure !...

Fausse sortie d'Escoréférins par la porte A.

ESCORÉFÉRINS, revenant, bas à Louisa.

A propos, j'ai rendez-vous tout à l'heure avec Clémence... est-ce que la chambre truquée est libre ?...

LOUISA

Ça dépend de l'heure...

ESCORÉFÉRINS

A quatre heures ?

LOUISA, après avoir réfléchi un moment.

Quatre heures... oui, c'est possible...

ESCORÉFÉRINS

Bon ! alors j'y compte...

Nouvelle fausse sortie d'Escoréférins.

ESCORÉFÉRINS, revenant encore.

Hé bien ! il est fini cet essayage ?...

Bruits de baisers dans la coulisse.

LOUISA, indiquant la droite.

Non ! il commence...

Rires des ouvrières.

ESCORÉFÉRINS

Bigre !... ils essayent tous les deux de l'autre côté !

LOUISA

Je ne sais pas s'ils essayent... mais, écoutez...

Nouveaux bruits de baisers.

ESCORÉFÉRINS, trépignant.

Oui... Je crois même que ça va tout seul... Et vous pouvez demeurer là vous autres ?... Hé bien !... vous avez du courage... (Nouveaux baisers.) Moi pas !... Il me semble que l'on me chatouille la plante des pieds...

Nouveaux baisers.

MARTHE

Ils vont bien pour des fiancés...

ALICE

A ce compte-là il ne restera plus rien le jour des noces...

Nouveaux baisers.

ESCORÉFÉRINS, trépignant crescendo.

J'aime mieux m'en aller, tenez...

Les ouvrières rient.

LOUISA, riant aussi.

C'est cela !...

2

ESCORÉFÉRINS

Au revoir !... (Près de passer la porte A.) C'est malsain cette maison-là !...

Il sort porte A.

ALICE, riant.

Pauvre M. Escoréférins !...

MARTHE

Il n'est pas habitué comme nous !...

LES OUVRIÈRES

Pour sûr !...

Nouveaux bruits de baisers.

MARTHE

Nous sommes vaccinées, nous, contre ces bruits-là.

LOUISA

Allons, mesdemoiselles, un peu de sérieux, s'il vous plaît... Travaillons, sans nous occuper du travail des autres !...

A ce moment le timbre retentit.

LOUISA, sursautant.

Un commissaire de police !... allons bon !... Vite, Alice, à votre place...

Louisa s'empare d'un centimètre et se tient prête
à entrer porte B. Alice va s'asseoir sur la chaise
qui se trouve placée sur la plaque tournante.
On entend dans la coulisse le dialogue suivant
très précipité :

CHAMBÉRI

Le bouton !...

MATHILDE

Quoi ?...

CHAMBÉRI

Presse le bouton...

MATHILDE

Où ça ?...

CHAMBÉRI

Au mur là !...

MATHILDE

Je ne trouve pas...

LOUISA, impatientée.

J'y vais...

> Elle passe la porte B. A peine est-elle entrée dans la coulisse que le panneau tournant change de côté et qu'Alice disparait avec les « rayons d'étoffes ». Le côté « psyché » apparaît au public.

MARTHE, aux ouvrières.

Mesdemoiselles... en chœur... Une... deux... trois...

> Les ouvrières reprennent le chœur du commencement : Il est des maris ris ris... etc...

SCÈNE IV

MARTHE, LES OUVRIÈRES, LaROUSSE, VER-MAUREL, LOUISA, MATHILDE, et DEUX AGENTS.

Pendant le chant, on entend dans la coulisse le dialogue suivant :

LAROUSSE

Au nom de la loi !...

VERMAUREL

La voilà la malheureuse...

LOUISA

Cependant, M. le commissaire...

LAROUSSE

C'est juste !... nous nous sommes trompés...

MATHILDE

Mais c'est une infamie !...

A ce moment, Mathilde en chemise et pantalon,
entre porte B, suivie de Vermaurel, de Louisa.
de Larousse, et des agents, dans cet ordre. Ver-
maurel est en costume de croque-mort.

MATHILDE

C'est une infamie, M. le commissaire...

VERMAUREL

Je sais ce que je dis, M. le commissaire...

LOUISA

Je proteste contre cette violation de domicile, M. le commissaire...

LAROUSSE, très aimable avec les dames.

J'enregistre votre protestation, madame...

VERMAUREL

Et la mienne aussi !...

LAROUSSE, très bourru avec les hommes.

La vôtre... et laquelle, s'il vous plaît ?...

VERMAUREL

Je prétends que ma femme avait rendez-vous ici avec son
amant...

MATHILDE

Oh ! oh ! le gredin...

LAROUSSE

Calmez-vous, madame... (à Vermaurel). Vous songez à ce
que vous dites ?

LOUISA

Vous remarquerez, je vous prie, M. le commissaire, que
Monsieur vous a amené ici pour constater l'adultère de sa
femme... que sa femme n'était nullement dans une position
délictueuse...

VERMAUREL

Cependant son costume...

LAROUSSE, sévèrement.

Vous, fichez-nous la paix !...

LOUISA, répondant à Vermaurel.

Son costume, monsieur ?... J'étais en train de prendre à madame mesure d'un corset...

VERMAUREL

Un corset ?...

LOUISA

Mais parfaitement...

VERMAUREL

Qui vous l'avait commandé ?...

LOUISA

Madame elle-même...

VERMAUREL

Et combien cela coûtera-t-il ?...

LOUISA

Deux cent soixante et onze francs...

VERMAUREL

Non !... ça c'est fameux !... 271 francs... M. le commissaire, je suis employé aux Pompes funèbres depuis 17 ans... je gagne péniblement 120 francs par mois... Comment voulez-vous, je vous prie, qu'avec 120 pauvres petits francs par mois, j'arrive à entretenir madame de corsets qui valent près de 300 balles ?...

LAROUSSE

Ça ne me regarde pas...

VERMAUREL

Vous voyez bien, par conséquent, qu'elle a un amant qui paye tout ça...

MATHILDE, outrée.

Encore !... oh ! c'est trop fort !...

LOUISA

M. le commissaire, je dépose entre vos mains une plainte... : La maison Louisa & C° de X... est une maison honnête qui ne travaille que dans les confections pour dames...

VERMAUREL

... et pour maris...

LOUISA

Cette descente de police pourrait jeter sur la maison un discrédit gros de conséquences... Je vais actionner monsieur en 500.000 francs de dommages-intérêts.

LAROUSSE

C'est votre droit, madame !...

VERMAUREL, outré.

C'est son droit !...

LAROUSSE

... et je vous y engage...

VERMAUREL, absolument furieux.

Oh ! c'est dégoûtant !... Nous ne sommes pas défendus... La police est remplie de... (Il hésite.)

LAROUSSE

Achevez, monsieur.

VERMAUREL

De moules... Le mot n'est pas trop fort !...

LAROUSSE

Il l'est assez !... Agents, emparez-vous de cet homme-là, et conduisez-le au commissariat...

Les agents empoignent Vermaurel.

VERMAUREL

Lâchez-moi !...

LAROUSSE

Embarquez-moi ça un peu vite !...

VERMAUREL

Et ma femme va rester ici ?

MATHILDE

Mais certainement...

VERMAUREL, se débattant, tenu par les agents.

Jamais !... Jamais !...

LAROUSSE, aux agents.

Allez, allez !... au poste !...

Les agents entraînent Vermaurel et le font, de force, sortir porte A.

VERMAUREL, en sortant.

Vous êtes tous des moules... tas de moules !...

LOUISA

Quel scandale !...

LAROUSSE

Ce n'est rien...

MATHILDE

Comme il m'a traitée !...

LAROUSSE

Ne faites pas attention à ça !...

LOUISA

Mais prend-il donc cette maison pour... ?

LAROUSSE

N'y pensez plus...

MATHILDE

Croit-il donc que je suis... ?

LAROUSSE

N'y revenez pas...

LOUISA

Vous me connaissez, M. Larousse, vous savez que je suis incapable... ?

LAROUSSE

Mais oui, madame !

MATHILDE

Moi, vous ne me connaissez pas, Monsieur, mais vous le savez aussi... ?

LAROUSSE

Parbleu !...

LOUISA

Quel audacieux toupet !...

LAROUSSE

Il est certain que c'est violent...

MATHILDE

N'est-ce pas que c'est violent, monsieur ?...

LAROUSSE

Absolument !... Une femme si... si...

MATHILDE, le disant pour lui.

... comme il faut.

LAROUSSE

C'est ça...

MATHILDE

Oh ! vous pouvez dire le mot, allez, monsieur... il n'est pas exagéré....

LAROUSSE

·Certes non... cependant...

MATHILDE

·Cependant quoi ?...

LAROUSSE, affectant tout à coup un air sévère

Je veux tirer toute cette affaire-là au clair...

MATHILDE, effrayée.

Quelle affaire ?...

LAROUSSE

Et procéder par un interrogatoire en règle...

LOUISA, à part.

Qu'est-ce qui le prend ?...

LAROUSSE

Madame Louisa, j'aurais besoin de demeurer seul avec
Madame pour...

LOUISA

Bien, M. Larousse,... nous allons nous retirer...

LAROUSSE

Oh ! pour un court instant seulement...

LOUISA, allant porte A.

Mesdemoiselles... (Elle s'efface pour laisser passer ses ouvrières,
puis émet, à part, cette réflexion:) Je ne m'explique pas ce revi-
rement...

LAROUSSE, à Louisa, avant que celle-ci ne sorte.

Vous n'entrerez que lorsque je vous ferai signe...

Louisa fait de la tête un signe d'intelligence et
passe à son tour la porte A.

SCÈNE V

LAROUSSE, MATHILDE. puis ALICE, puis CHAMBERI.

Aussitôt Louisa sortie, le visage de Larousse a changé d'expression et est devenu aimable.

MATHILDE

Je suis à vos ordres, monsieur...

LAROUSSE, très papelard.

A mes ordres ? non !... c'est moi plutôt qui suis aux vôtres...

MATHILDE, qui ne comprend pas ou n'ose comprendre.

Comment ?...

LAROUSSE, d'un air bon enfant.

Et d'abord, vous allez m'avouer bien carrément que vous étiez ici avec un homme... hein ?...

MATHILDE

Oh ! je vous jure...

LAROUSSE

Ne jurez pas, allez... je connais la maison... j'y suis déjà venu... On presse sur un bouton... l'alcôve se ferme... Madame Louisa arrive... vous prend mesure... et le tour est joué...

MATHILDE

Mais...

LAROUSSE, l'incitant aux aveux.

Allons !... vous voyez bien qu'on ne me la fait pas... allons !...

MATHILDE, très bas, avouant.

Oui !

LAROUSSE, triomphant.

A la bonne heure !... Et il est là dans l'alcôve ?...

MATHILDE

Oui !

LAROUSSE, l'enlaçant.

Eh bien ! nous l'y laisserons...

MATHILDE, se dégageant.

Alors, vous vouliez m'interroger ?...

LAROUSSE

Non !... tout ça c'était un truc...

MATHILDE

Un truc ?

LAROUSSE

Oui, un truc pour éloigner les autres et rester seul avec vous... (l'entreprenant à nouveau)... avec toi...

MATHILDE, se dégageant eucore.

Ah ! mais dites donc...

LAROUSSE, l'enlaçant plus fort.

Eh bien quoi ?...

MATHILDE, se défendant encore, mais mollement.

Mais...

LAROUSSE, ne se décourageant pas.

Mais quoi ?...

MATHILDE, riant.

Mais rien...

LAROUSSE

Tu ris ?...

MATHILDE

Oh ! oui, je ris...

LAROUSSE

A quoi penses-tu ?...

MATHILDE

Je pense que vous êtes un commissaire de police rigolo...

LAROUSSE

Pas?...

MATHILDE

Et puis...

LAROUSSE

Et puis?...

MATHILDE, se tordant.

Je pense aussi à l'autre, là...

Elle désigne l'alcôve.

LAROUSSE

Bah! il n'est pas à plaindre, lui, il est couché...

MATHILDE

Oui, il a le lit...

LAROUSSE, embrassant Mathilde.

Mais pas la femme...

MATHILDE

Il est somme toute le plus mal partagé...

LAROUSSE

Bien sûr...

Pendant qu'ils se perdent en embrassements, le panneau tourne ramenant Alice avec le côté « RAYONS D'ETOFFES ». Au bruit que fait le panneau en tournant, Mathilde et Larousse sont arrachés à leurs embrassements et poussent un grand cri en apercevant Alice, qui de les apercevoir en pousse un aussi.

LAROUSSE, MATHILDE et ALICE, ensemble.

Ah !

LAROUSSE

Qu'est-ce que c'est que ça ?...

MATHILDE

D'où sortez-vous ?...

ALICE, montrant le panneau tournant.

De là... Je m'ennuyais de l'autre côté... alors j'ai appuyé sur le bouton... et me voici...

MATHILDE, se souvenant.

Ah ! oui... c'est la jeune fille qui tourne...

LAROUSSE, peu charmé de la visite.

Elle tourne mal... mal à propos...

ALICE, sortant en courant porte A.

Oh ! vous savez, j'ai rien vu...

LAROUSSE, vexé.

En voilà des visites !

MATHILDE, riant.

Le fait est que c'est assez inattendu !...

LAROUSSE

Quelle sacrée maison !...

MATHILDE

Ce n'est rien, c'est passé... Reprenons où nous en étions...

LAROUSSE

Où étions-nous ?...

MATHILDE

Dans le cou l'un de l'autre...

LAROUSSE

C'est vrai !... Oh ! ma chérie !

MATHILDE

Oh ! mon poulot !...

LAROUSSE

En quoi que vous êtes ?...

MATHILDE

En pâte de guimauve... Et vous, monsieur ?...

LAROUSSE

En loucoumia... en confiture...

MATHILDE

Moi, tout à l'heure, j'étais en déconfiture, quand mon mari est arrivé...

LAROUSSE

Oui, mais laisse ton mari où il est... Oh ! ma cocotte...

Il l'étreint à la casser.

MATHILDE

Oh ! mon coco...

Elle se fourre dans son cou. A ce moment, Chambéri, en caleçon et chemise, paraît porte B.

CHAMBÉRI, *sans voir les deux autres qui ne le voient pas non plus, occupés qu'ils sont à s'embrasser.*

Qu'est-ce qui se passe ?... L'alcôve s'est ouverte tout à coup et je n'ai vu personne dans la chambre !... Qu'est-ce que Mathilde a bien pu devenir ?... (Apercevant Mathilde et Larousse.) Ah !

MATHILDE

Ah ! Monsieur Chambéri !!

LAROUSSE

Qu'est-ce que c'est encore !...

Il se retourne.

CHAMBÉRI

Larousse !...

LAROUSSE

Chambéri !...

Longues poignées de mains.

CHAMBÉRI

Tu vas bien ?...

LAROUSSE

Pas mal et toi ?...

Etonnement de Mathilde.

CHAMBÉRI

Qu'est-ce que tu fais là ?

LAROUSSE, montrant Mathilde.

Tu vois... Et toi, comment es-tu en caleçon ?...

CHAMBÉRI

Je sors de l'alcôve !...

LAROUSSE

Comment, c'est toi qui étais dans l'alcôve ?

CHAMBÉRI

Oui !... et c'était toi le magistrat chargé de ?...

LAROUSSE

Oui !...

TOUS LES DEUX, se tordant.

Ah ! elle est bien bonne !... ce vieux Larousse !... ce vieux Chambéri !...

CHAMBÉRI

Ah ! dis donc je ne suis pas fâché de te trouver !... Tu sais Erreur ?...

LAROUSSE

Ah ! oui, le comte ?...

CHAMBÉRI

Mais non le baron !...

LAROUSSE

Mais non, voyons, le comte !...

CHAMBÉRI

Non, je te dis que non, moi... Erreur n'est pas comte....
il est baron tout simplement.

LAROUSSE

C'est possible après tout !... Alors Erreur ?...

CHAMBÉRI

Il a lâché la petite Rose Déé !...

LAROUSSE

Ah ! bah !...

CHAMBÉRI

Oui !...

LAROUSSE

Ah ! mon Dieu comment a-t-il fait ?... je le croyais collé
avec cette machine qui colle même le fer !...

CHAMBÉRI

Eh bien non mon cher, c'est fini !

LAROUSSE

Tu le rencontres souvent ?...

CHAMBÉRI

Oui, sur le boulevard !... toujours impeccable...

LAROUSSE

Toujours !...

Mathilde commence à s'impatienter.

CHAMBÉRI

Des redingotes !... Ah ! ça, mais comment fait-il, cet
animal-là pour avoir des redingotes aussi épatantes que
ça ?...

LAROUSSE

Il les paie !...

CHAMBÉRI

Moi aussi !... mais je ne suis pas nippé comme lui !

LAROUSSE

C'est que tu es mal foutu, toi !...

CHAMBÉRI

Oh ! il n'est déjà pas si bien bâti !...

Impatience crescendo de Mathilde.

LAROUSSE

A propos... j'ai une bonne nouvelle à t'annoncer...

CHAMBÉRI

Et quelle ?...

LAROUSSE

Hortense...

CHAMBÉRI

Ça y est ?...

LAROUSSE

Non ça vient !...

CHAMBÉRI

Celle-là tant que tu ne la tiendras pas !...

LAROUSSE

Oh ! on ne peut pas voir venir et tenir...

CHAMBÉRI

Fais attention mon vieux !...

LAROUSSE

Le mari ?...

CHAMBÉRI

Oui, Cascadier...

LAROUSSE

Peuh !... c'est une andouille !...

CHAMBÉRI

Soit... mais en sa qualité d'andouille, il pourrait te jouer un tour de cochon.

3

LAROUSSE

Je ne crois pas !...

MATHILDE, au comble de l'exaspération.

Eh bien ! mais alors...

LAROUSSE et CHAMBÉRI

Comment ?

MATHILDE

Alors quoi !... il n'y a plus personne ?...

LAROUSSE et CHAMBÉRI

Plaît-il ?...

MATHILDE

Non, mais c'est épatant, ma parole d'honneur !... vous allez-là !... vous parlez... vous papotez ensemble, vous faisant vos petites confidences... vous occupant de vos petites affaires... et vous me laissez là toute seule ! c'est typique !...

CHAMBÉRI et LAROUSSE, ensemble.

CHAMBÉRI : C'est vrai !

LAROUSSE : Oh ! pardon !...

MATHILDE, continuant.

Quand j'ai vu entrer M. Chambéri j'ai pensé, qu'aveuglé par une jalousie bien légitime, il allait sauter à la figure de M. Larousse et qu'un duel allait en résulter !... Non pas !... Monsieur arrive... il serre la main à Monsieur... et ils se mettent à bavarder sans plus s'occuper de moi...

CHAMBÉRI

Oh ! de vieux amis comme Larousse et moi !...

MATHILDE

Ah ! j'ai eu bien tort de tromper mon mari !...

CHAMBÉRI

Enfin je ne t'en veux pas.

Il l'embrasse.

LAROUSSE

Eh bien ! mais dis donc, Chambéri !... ne te gêne pas !...

CHAMBÉRI

Ah ! mon cher.., je suis le premier arrivé !...

LAROUSSE

Cette bêtise !... si tu vas par là !... le mari de madame est arrivé bien avant toi !

CHAMBÉRI

C'est plus la même chose !...

LAROUSSE, embrassant Mathilde. Chantant.

Oh ! Mathilde.

CHAMBÉRI, même jeu.

Idole de mon âme !...

MATHILDE

Me voilà prise entre deux feux !

Larousse et Chambéri, chacun d'un côté de Mathilde, lui enserrent la taille de leurs bras et la bécottent à qui mieux mieux.

SCÈNE VI

MATHILDE, CHAMBÉRI, LAROUSSE VERMAUREL, puis LOUISA, LES OUVRIÈRES et LES AGENTS

Vermaurel entre à pas de loup, porte A.

VERMAUREL

Oh ! c'est infect !...

LAROUSSE, MATHILDE, CHAMBÉRI, ensemble.

LAROUSSE : Quoi ?...

MATHILDE : Mon mari !...

CHAMBÉRI : Qu'est-ce qu'il y a ?...

VERMAUREL

Oh ! c'est infect !... ma femme, ma femme avec deux hommes...

LAROUSSE

Pourquoi n'êtes-vous pas au violon, vous ?...

VERMAUREL, tué de voir Larousse auprès de sa femme.

Le commissaire !... le commissaire qui bécotte ma femme !...

LAROUSSE

Vous vous êtes évadé ?...

VERMAUREL

Vous l'avez dit... j'avais hâte de revenir ici... (Apercevant Chambéri en caleçon.) Monsieur est sans doute l'amant en pied ?...

LAROUSSE

En pied ou en buste si vous ne nous fichez pas le camp je vous fais ramasser par des agents !...

VERMAUREL

Allez-y si vous l'osez !... il ne manquerait plus que ça ! après m'avoir ravi mon honneur, me ravir encore ma liberté !...

LAROUSSE

Je vous dis de nous ficher la paix !...

VERMAUREL

Et moi je veux rester !

Louisa, Alice, Marthe et les ouvrières entrent attirées par le bruit.

LOUISA

Qu'est-ce que c'est ?...

VERMAUREL

Ah ! voilà la patronne !...

LAROUSSE

Madame Louisa, envoyez-moi chercher deux agents,
s. v. p.

VERMAUREL

Comment avez-vous dit cela ?...

> Il va pour s'élancer sur Larousse, mais il en est
> empêché par tout le monde.

LAROUSSE

Vous avez entendu, n'est-ce pas ?...

LOUISA

Mademoiselle Alice, allez chercher deux agents pour
M. Larousse.

ALICE

Bien Madame !

> Elle sort porte A.

VERMAUREL, à Larousse.

Vous avez beau envoyer chercher tous les agents que
vous voudrez, ça n'empêche pas que vous êtes un sale
individu.

> Des oh ! oh ! indignés s'élèvent de toutes les poi-
> trines.

LAROUSSE

Laissez-le dire... son affaire est claire !...

VERMAUREL

Oh ! certes oui, c'est clair !... je suis cocu !... c'est clair
comme le jour !... j'ai demandé la permission au maître des
cérémonies pour m'en convaincre !...

> Rires des ouvrières.

VERMAUREL

Ça vous fait rire... A moi pas !... c'est bien écœurant
d'être obligé de pincer sa femme, mais ce qui est encore
plus écœurant, c'est de voir des commissaires de police
encourager l'adultère, et y tremper eux-mêmes le doigt.

> Protestations de l'auditoire.

LAROUSSE, à ceux qui protestent.

Taisez-vous !... il n'a rien perdu pour attendre !...

VERMAUREL

Je me suis échappé du poste au moment où les agents somnolaient à côté du poêle... et je suis revenu ici tout seul, sans sergots, à pas de loup... bien résolu à obtenir la preuve de mon infortune !... Ah ! ça n'a pas manqué !... c'est pas une preuve que j'ai eue ; c'est deux !...

Alice revient avec les agents.

ALICE, passant la porte A.

Par ici, Messieurs les agents...

VERMAUREL, d'un ton rageur.

Ah ! voilà les flics !...

LAROUSSE

Embarquez-moi cet homme-là !... Conduisez-le au poste... je vais vous y rejoindre !...

PREMIER AGENT

Bien, M. le commissaire !...

VERMAUREL

Quel toupet, c'est révoltant !...

LAROUSSE

Et surtout, qu'on le garde à vue... il a déjà réussi à s'échapper...

PREMIER AGENT

Bigre !... c'est un anarchiste dangereux !...

VERMAUREL

Je ne suis pas anarchiste. je suis conservateur !... l'anarchiste c'est Monsieur, c'est Monsieur, c'est Madame, c'est Madame ; (Il montre successivement Larousse, Chambéri, Mathilde et Louisa.) c'est tout le monde ! ils brisent la famille... ils nient l'amour conjugal !...

LAROUSSE

Enlevez-moi ça... et veillez-y bien !...

DEUXIÈME AGENT

Oui... oui !... c'est un fou furieux !...

VERMAUREL, entrainé par les agents.

C'est une indignité !... c'est un assassinat !... A l'assas-
sin !... Comprenez-moi, M. l'agent !... je suis employé aux
pompes funèbres !... lâchez-moi, vous me faites mal !...
c'est infect !... c'est dégoûtant !...

> On entend encore protester Vermaurel quand il a
> passé la porte A. Pendant ce temps, le deuxiè-
> me agent lui crie :

DEUXIÈME AGENT

Allons, allons ! marchez !... faites pas l'enfant.

LOUISA

Quels scandales aujourd'hui, dans cette maison !...

LAROUSSE

Il va me payer cher ce scandale-ci...

CHAMBÉRI

Quel jaloux !... (A Mathilde.) Non, mais... croyez-vous !...
votre mari, ma chère...

MATHILDE

Mon mari a raison somme toute...

CHAMBÉRI

Comment !...

MATHILDE

J'ai eu grand tort de le tromper pour deux muffles de
votre espèce !...

CHAMBÉRI

Regrets tardifs !...

LAROUSSE

Oh ! avec moi vous l'avez trompé si peu !...

MATHILDE

Avec vous je l'ai trompé moralement et cela suffit...

CHAMBÉRI

Cependant...

MATHILDE

Ah ! et puis laissez-moi !... Madame Louisa, je vais m'habiller et sortir pour toujours de cette.maison...

Elle passe la porte B qu'elle ferme derrière elle.

CHAMBÉRI, à Louisa.

Moi aussi, je vais m'habiller... (Il va pour ouvrir la porte B qu'il trouve fermée.) Eh bien ! quoi !... fermée !... Ah ! zut !... Mathilde !...

MATHILDE, dans la coulisse.

Monsieur ?

CHAMBÉRI

Ma petite Mathilde, je voudrais m'habiller aussi...

LAROUSSE, à Louisa.

Ce Vermaurel va savoir ce que ça lui coûte !...

LOUISA

Oh ! salez-le, je vous prie !... un homme qui...

LAROUSSE

Laissez-moi faire !...

CHAMBÉRI, à la porte B.

Elle ne répond pas !... Laissez-moi m'habiller !... (Un temps.) Faites-moi au moins passer mes affaires !...

Un temps.

LAROUSSE

Oh ! tu n'as pas grand succès !...

CHAMBÉRI

J'avais plus de succès en me déshabillant... (Criant à la porte B. sur l'air des lampions.) Mes affaires ! mes affaires ! mes affaires !... etc.

LAROUSSE, faisant chorus avec lui.

Ses affaires ! ses affaires ! ses affaires !... etc.

TOUT LE MONDE, reprenant.

Ses affaires ! ses affaires ! ses affaires !...

La porte B s'ouvre tout à coup et Mathilde lance une poignée de vêtements à la figure de Cham-béri. Les vêtements vont rouler à terre. On entend lorsqu'ils tombent un petit coup sec.

CHAMBÉRI, à la réception de ses frusques.

Allons, bien !... (Entendant le petit coup sec.) Eh bien !... qu'est-ce qu'il y a ?... qu'est-ce qui a fait ce petit bruit sec ?... (Se précipitant sur ses vêtements.) Ma montre !... je parie que c'est ma montre... (Il tire sa montre de la poche de son gilet.) Ça y est !... le verre est en morceaux... comme c'est gai !... elle ne marche plus !... allons bon !... oh ! quelle scie !...

LOUISA

Oh ! c'est bien ennuyeux !...

CHAMBÉRI, ramassant son chapeau tout cabossé.

Et mon chapeau !... oh !... eh bien !... il est joli !... Elle vous a des façons d'y donner un coup de fer !... (Il le met sur sa tête.) Ah ! je vais m'habiller !...

LOUISA

Allons, mesdemoiselles, laissons s'habiller M. Chambéri...

CHAMBÉRI

Oh ! ce sera vite fait !...

LAROUSSE

Dépêche-toi, je t'attends !...

Les ouvrières sortent avec Louisa.

CHAMBÉRI

Non, mais crois-tu quel boucan !...

LAROUSSE

Il est plutôt irascible, le mari de Mathilde !...

CHAMBÉRI

Quelle brute !...

LAROUSSE

Tu parles si je vais l'assaisonner...

CHAMBÉRI

Je comprends ça !...

LAROUSSE

de l'air dont le renard pensait : Ils sont trop verts.

Dis donc, tu la trouves épatante sa femme ?...

CHAMBÉRI, se récriant.

Ah ! elle est pas mal !...

LAROUSSE

Je ne dis pas, mais...

CHAMBÉRI, défendant encore.

Ah !...

LAROUSSE, avec une moue de mépris.

Beuh !...

CHAMBÉRI, en convenant un peu.

Il est certain qu'elle a la lèvre...

LAROUSSE

Oui !... et puis les yeux...

CHAMBÉRI

Et le nez...

LAROUSSE

Enfin elle ne me plaît pas...

CHAMBÉRI, faisant la moue aussi.

Non ! ça n'est pas ça...

LAROUSSE

Non, non... du tout !...

CHAMBÉRI

Dans le fond, vois-tu, nous y gagnons...

LAROUSSE

Je commence à le croire...

CHAMBÉRI, qui est presque complètement habillé.

Moi, je le crois !... car ça m'a l'air d'une femme cram-
pon...

LAROUSSE

Une sangsue !... Allons, viens-tu ?...

CHAMBÉRI

Me voilà prêt !

> Il prend son chapeau et son pardessus, et se dirige
> vers la porte avec Larousse.

LAROUSSE

C'est plutôt heureux ce qui nous arrive...

CHAMBÉRI

Oh ! oui... à part ma montre...

LAROUSSE

C'est vrai, ta montre...

CHAMBÉRI

C'est elle que je regrette le plus...

> Chambéri et Larousse sortent porte A. Chambéri
> a oublié de rattacher ses bretelles et celles-ci
> pendent derrière lui et lui battent les talons.
> C'est ainsi qu'il passe la porte A. Au même
> moment, Mathilde, habillée, rentre porte B.

MATHILDE

Ils s'en vont !... Oh ! les jolis moineaux que les hommes !... quels crétins !... Le plus clair de tout cela c'est que je ne vais plus oser rentrer chez moi !... Comment vais-je faire ?... j'irais bien chez ma mère !... mais elle demeure avec mon mari. Comment tout ça va-t-il finir, bon Dieu ?...

> Elle va pour sortir porte A, quand revient Louisa par cette porte.

LOUISA

Vous partez, chère madame ?...

MATHILDE, d'un ton sec.

Oui, madame... et jamais plus je ne remettrai les pieds ici... jamais !...

LOUISA

Oh bien ! quoi ?... on ne vous a pas fait coucher par force... c'est parce que vous l'avez bien voulu...

MATHILDE, s'en allant.

C'est possible ! mais enfin !...

> Elle sort porte A.

SCÈNE VII

LOUISA seule, puis LAURE

LOUISA

En voilà des pimbêches !... si ça vous fait pas mal !... ça vient voltiger autour de la lumière... et quand ça s'est brûlé... ça gueule après le feu !... Oh ! grands dieux !... quelle journée !... quelle journée !... (Tout à coup.) Ah ! à propos... voici la chambre truquée libre... M. Escoréférins me l'a retenue pour quatre heures...

> Laure entre porte A. Elle est vieille et ridicule. On voit qu'elle a pleuré.

LAURE

Madame Louisa !...

LOUISA

Madame Escoréférins...

LAURE, pleurnichant.

Bonjour, madame Louisa !...

LOUISA

Bonjour, madame Escoréférins... Qu'est-ce donc qui vous a fait de la peine ?...

LAURE

Oh ! je suis bien malheureuse, allez, madame Louisa !...

LOUISA

Vraiment ! madame Escoréférins ?...

LAURE, toujours pleurnichant.

Et d'abord ne m'appelez plus de ce vilain nom !...

LOUISA

Pourquoi ?

LAURE

Parce que c'est surtout celui de mon sacripant de mari...

LOUISA

Comment faut-il vous appeler ?...

LAURE

Appelez-moi par mon petit nom... Laure...

LOUISA

Madame Laure ?...

LAURE

C'est cela... Oh ! je suis bien malheureuse, allez, madame Louisa...

LOUISA

Vraiment, madame Es... Laure !... et pourquoi ?...

LAURE

C'est à cause de mon mari...

LOUISA

Qu'est-ce qu'il a fait ?...

LAURE

Ce qu'il a fait, madame Louisa ? Il fait la vie... il fait la vie...

LOUISA

Non ?

LAURE

Mais au fait, vous le savez bien, puisque c'est chez vous qu'il rencontre ses folles maîtresses...

LOUISA

Je vous assure, madame...

LAURE

Inutile de nier !... je sais à quoi m'en tenir... j'ai pris l'habitude d'inspecter tous les petits papiers de M. Escoré-férins... Eh bien ! chère madame, tout à l'heure, en rentrant, j'ai trouvé une enveloppe qui renfermait le poulet suivant : « Coco, je t'attendrai à 4 heures, vendredi, chez Louisa & C⁰, 121, rue X... Ta Clémence. »

LOUISA

Vous avez trouvé cela ?

LAURE

Oui, chère madame... Vendredi, c'est aujourd'hui !... 4 heures ne sont pas loin... Je viens donc vous demander un grand service...

LOUISA

Lequel ?

LAURE

Celui de me prêter une armoire, un placard, un réduit, n'importe quoi...

LOUISA

Que voulez-vous en faire !

LAURE

M'y cacher, m'y dérober aux regards d'Ernest... et le surprendre au moment psychologique en compagnie de sa Clémence...

LOUISA

Mais je ne peux pas...

LAURE

Oh ! ne me refusez pas, madame Louisa... je n'ai que vous sur cette terre qui me soit cher...

LOUISA

Vous voulez assister à toute cette scène qui va vous écœurer, vous rendre malade...

LAURE

Non, j'aurai de la force...

LOUISA

Allons soit !... (Tendant la main.) Mais c'est vingt francs...

LAURE

Comment, vingt francs ?

LOUISA

Dites donc !... est-ce que vous allez au théâtre à l'œil, vous ?...

LAURE

Allons !... voilà le louis demandé...

LOUISA

Voilà votre placard, madame...

LAURE

Oh ! qu'il y fait nôir !...

LOUISA

Dame !... ça manque d'électricité.

LAURE

Ah ! ma chère madame, je me croule...

LOUISA

Ne croulez pas comme ça...

LAURE

Mon estomac s'en va...

LOUISA

Vraiment !... voulez-vous quelque chose pour le rattra-
per ?...

LAURE

Avec plaisir...

LOUISA

J'ai précisément un petit madère !... mais un madère !...

LAURE

C'est cela...

LOUISA

Une bouteille ?... une demi-bouteille ?...

LAURE, reconnaissante.

Une demi-bouteille seulement...

LOUISA, tendant la main.

C'est cent sous !...

LAURE

Comment ?...

LOUISA

Et à ce prix-là, c'est donné...

LAURE, avec résignation.

Allons, voilà cent sous...

LOUISA

Je vous l'apporte tout de suite...

LAURE

C'est ça !...

LOUISA

Mais rentrez pendant ce temps-là, rentrez !...

LAURE

Soit !...

Laure rentre dans le placard.

SCÈNE VIII

LAURE (dans le placard), LOUISA, puis LE GROOM,
puis ESCORÉFÉRINS, puis CHAMBÉRI

LOUISA

Diable ! diable !... Eh bien ! ça va faire du propre !...
M. Escoréférins doit venir à quatre heures... Il va y avoir
un joli scandale... Comment éviter tout cela ?... Eh !...
comme c'est simple !... je vais avertir d'un mot M. Escoréférins... (Elle écrit.) Monsieur, le souci que j'ai de votre
bonheur m'oblige à vous avertir que votre femme, madame
Laure Escoréférins, est en ce moment chez moi pour ce
que vous devez soupçonner !... Louisa, Maison LOUISA
& Cº...

Le groom entre porte A.

LOUISA, se levant, la lettre à la main.

Ah ! Doublebock !... tu tombes à pic !...

LE GROOM

Qu'est-ce qu'il y a encore ?...

LOUISA

Encore ?... ça t'ennuie donc d'aller faire des courses !...

4

LE GROOM

C'est vrai !... on ne fait que ça ici...

LOUISA

Ecoute un peu !...

Elle parle bas à l'oreille du groom en lui montrant la lettre.

LOUISA

As-tu compris ?...

LE GROOM

Oh ! madame... je suis un peu plus noir que M. de Hérédia, mais je suis tout aussi z'intelligent...

LOUISA

C'est bien, je compte sur toi...

Louisa sort porte B.

LE GROOM, ronchonnant.

Alors il va falloir que je reste ici jusqu'à ce que ce ponte soit arrivé !... Et s'il ne vient plus qu'à la fin du monde ?...

ESCORÉFÉRINS, entrant porte A. Chantonnant.

Bonjour, Doublebock ! Bonjour, Doublebock ! Bonjour, Doublebock, bock, bock !...

LE GROOM, étonné.

M. Escoréférins !... Déjà !...

ESCORÉFÉRINS

Comment déjà ?...

LE GROOM

Ah ! c'est bien gentil à vous d'être venu...

ESCORÉFÉRINS

Et pourquoi ça ?...

LE GROOM

Mais parce que vous me délivrez de ma faction !... Je devais vous attendre pour vous remettre cette lettre !...

ESCORÉFÉRINS, prenant la lettre.

Voyons !... merci ! mon ami, merci !...

LE GROOM, d'un ton joyeux.

Je vais voir passer les femmes, moi.

> Le groom sort en courant porte **A**. Escoréférins a
> decacheté la lettre et la parcourt en manifestant
> d'un étonnement violent. Laure entr'ouvre la
> porte de son placard et aperçoit son mari.

LAURE

Lui ! c'est bien lui !... il est seul encore, mais tout à
l'heure !...

> Elle rentre dans son réduit.

ESCORÉFÉRINS, qui a lu la lettre.

Ai-je bien lu ?... Pas possible !... (Lisant la lettre à voix haute.)
« Monsieur, le souci que j'ai de votre *honneur* m'oblige à
vous avertir que votre femme, Madame Laure Escoréférins,
est en ce moment chez moi pour ce que vous devez soupçonner. Louisa, Maison LOUISA & Cⁱᵉ ». (Haut.) Allons
donc !... Laure !... Laur... eur... Laur... ible !... me faire
des traits !... me tromper !... Et avec qui, Bon Dieu ?... (Se
tordant.) Ah ! elle est bonne !... Si cela pouvait être cependant... Ah ! que je bénirais la Providence !... Mais oui ! la
lettre est explicite : « Madame Escoréférins, votre femme,
est chez moi pour ce que vous devez soupçonner... » (Très
affairé et tout heureux.) Je cours chez le commissaire de police,
je le ramène, nous tombons en plein flagrant délit... oh !
dégoûtation !... je demande le divorce !... je l'obtiens !... et
elle me fait des rentes !... Quel rêve !... (Il va pour sortir et
s'arrête soudain.) Et mon rendez-vous... et Clémence qui va
venir... Ah ! zut !... tant pis !... on n'a pas tous les jours la
veine d'être trompé par sa femme...

> Chantonnant sur l'air de : *Bon voyage, M. Dumolet :*

C'est crevant, c'est à se pouffer,
    Ma femme me trompe
    Ma femme me trompe...

> Il va pour sortir précipitamment par la porte **A**,
> lorsqu'il se rencontre avec Chambéri.

CHAMBÉRI

Toi ?...

ESCORÉFÉRINS, voulant passer.

Tu vois !...

CHAMBÉRI

Où vas-tu si vite ?...

ESCORÉFÉRINS

Laisse-moi passer !... (Chantonnant sur l'air de : *Celui qui l'a fait il est de son village, etc.)* Laisse-moi passer, Chambéri, je te prie !...

CHAMBÉRI

Tu as l'air bien joyeux !...

ESCORÉFÉRINS

Je t'écoute !... ma femme me trompe...

CHAMBÉRI, suffoqué.

Hein ?...

ESCORÉFÉRINS, s'en allant en chantant.

C'est crevant, c'est à se pouffer, etc., etc.

CHAMBÉRI, le suivant.

Mais explique-moi !... Voyons !...

Chambéri sort porte A à la suite d'Escoréférins.

SCÈNE IX

LAURE (placard), LOUISA, puis CLÉMENCE, puis LAROUSSE, puis CHAMBÉRI.

LAURE, se risquant hors du placard.

Je n'entends rien !... Hein !... Eh bien !... où est mon mari... il est parti ?...

LOUISA, *rentrant porte B, avec la demi-bouteille de madère.*

Eh ! quoi !... vous voilà dehors ?...

LAURE

Où est mon mari ?...

LOUISA

Je ne l'ai pas vu !...

LAURE

Il était là tout à l'heure !...

LOUISA

Vraiment ?...

LAURE

Oui !... où est-il passé ?...

LOUISA

Oh ! s'il était ici, il n'est pas bien loin !... voici toujours votre madère !...

LAURE

Oh ! merci !... ça me remettra peut-être !...

LOUISA

Rentrez !... rentrez !... j'entends du monde !...

Louisa ferme Laure dans son placard. Entre Clémence.

CLÉMENCE

Madame Louisa !...

LOUISA

Chère madame !...

CLÉMENCE

Je suis en avance, peut-être ?...

LOUISA

Ah ! je crains bien que vous ne soyez dérangée dans votre rendez-vous d'aujourd'hui avec M. Escoréférins... c'est bien avec M. Escoréférins, n'est-ce pas ?...

CLÉMENCE

Oui...

LOUISA

Sa femme sait tout !... elle a saisi votre lettre !...

CLÉMENCE

Ah bah !...

LOUISA

Elle est là, dans ce placard, prête à vous sauter dessus !..

CLÉMENCE

Et alors ?...

LOUISA

Alors j'ai averti d'un mot M. Escoréférins. qui est venu ici tout à l'heure et s'en est retourné, paraît-il, tête sur queue !...

CLÉMENCE

Que c'est donc contrariant !... Enfin, je vais toujours essayer mon costume... Est-il prêt au moins ?...

LOUISA

Terminé de ce matin.

Entre Larousse porte A.

LAROUSSE

Oh ! pardon...

Il va pour se retirer.

LOUISA

Vous pouvez entrer !... Vous désirez quelque chose ?...

LAROUSSE

Oui, je voulais vous dire un mot !... (A Clémence.) Vous permettez, madame ?...

CLÉMENCE

Mais bien volontiers, Monsieur !... (A part.) Tiens, c'est le vieux qui me suivait !...

LOUISA, à Larousse.

Qu'est-ce que vous voulez ?...

LAROUSSE

Quelle est cette jolie femme ?...

LOUISA

Laissez cette jolie femme tranquille... et dépêchez-vous...
je n'ai pas le temps de m'amuser... Voyons, que désirez-
vous ?...

LAROUSSE

Connaître le nom de cette femme, je vous dis... Je re-
tournais au commissariat quand je l'ai rencontrée... je l'ai
suivie... elle est entrée chez vous... je lui ai emboîté le
pas... et me voilà !...

LOUISA

Quel type !...

LAROUSSE

Pouvez-vous me présenter ?...

LOUISA

Eh, mais au fait... ça irait peut-être !... elle avait rendez-
vous ici cet après-midi et... c'est cassé !...

LAROUSSE

Ça pourrait se raccommoder...

LOUISA

Attendez !... en lui essayant son costume, je vais lui en
parler !...

LAROUSSE

C'est ça !

LOUISA, à Clémence.

Voulez-vous que nous allions essayer, chère madame ?...

CLÉMENCE

Je veux bien, puisque... (Saluant Larousse.) Monsieur !...

LAROUSSE

Madame !...

Clémence et Louisa sortent porte A.

LAROUSSE, se frottant les mains.

Très bien !... ça va très bien !... Quel paillard je suis !...
je me dégoûte !...

Chambéri entre porte A.

CHAMBÉRI

Oh ! quel animal, cet Escoréférins !... (Apercevant Larousse.)
Comment, toi !... toi encore !... toi toujours !...

LAROUSSE

Oui !... écoute-moi !...

CHAMBÉRI

Et le bonhomme ?...

LAROUSSE

Quel bonhomme ?

CHAMBÉRI

Vermaurel !...

LAROUSSE

Quel Vermaurel ?

CHAMBÉRI, l'imitant.

Quel Vermaurel ?... Mais le nôtre... il n'y en a pas deux...

LAROUSSE

Ah ! oui !

CHAMBÉRI

Tu l'as soigné ?...

LAROUSSE

Je ne suis pas rentré au poste.

CHAMBÉRI

Comment !... Quand je t'ai quitté ?...

LAROUSSE

Quand tu m'as quitté, j'ai rencontré une femme... Oh ! mais tu sais, mon cher... une femme !...

CHAMBÉRI

Comment !... encore !...

LAROUSSE

Partout ! il y en a partout ici... Tu ne connais donc pas la ville ?...

CHAMBÉRI

Non ! c'est toi !... Et alors ?...

LAROUSSE

Alors, je l'ai suivie !...

CHAMBÉRI

Et qu'en as-tu fait ?...

LAROUSSE

Je l'ai laissée entre les mains de madame Louisa qui lui essaye une robe !...

CHAMBÉRI

C'est peut-être celle que je viens de croiser dans l'escalier...

LAROUSSE

Parfaitement !...

CHAMBÉRI

Mes compliments !...

LAROUSSE

Et elle va tomber des mains de madame Louisa, dans les miennes !...

CHAMBÉRI

Quel marcheur tu es !... Et alors ?...

LAROUSSE

Alors il faut que tu me rendes un grand service !... Tu vas me faire l'amitié d'aller garnir mon bureau au commissariat, pendant que je m'occuperai ici !...

CHAMBÉRI

Mais, mon vieux, je ne suis pas commissaire de police, moi !...

LAROUSSE

Bah ! ça ne fait rien !... ça n'a pas d'importance !...

CHAMBÉRI, maugréant.

Mais si on vient pour un assassinat !...

LAROUSSE, pouffant.

Un assassinat ! en plein jour !...

CHAMBÉRI

Un vol, un ivrogne !...

LAROUSSE

Tu crieras à travers la porte qu'on te laisse tranquille et que l'officier de paix se débrouille...

CHAMBÉRI

Tu arranges ça comme ça, toi !...

LAROUSSE

D'ailleurs, on ne te dérangera pas... Allons, rends-moi ce service ! hein ?...

Chambéri branle la tête et fait la grimace.

LAROUSSE

Tu sais si je t'en ai évité des flagrants délits, hein !... Et tout à l'heure encore, si j'avais voulu, je te faisais sortir de l'alcôve en caleçon !...

CHAMBÉRI

Sans doute, mais !...

LAROUSSE

Une heure, pas plus là !... je te promets de ne pas rester
plus d'une heure !... Songe donc que si on voyait mon bureau vide cela serait une mauvaise note... et mon avan-
cement s'en ressentirait !... Allons !... Mais qu'est-ce que
ça te fait ?...

CHAMBÉRI

Parbleu !... si j'étais sûr qu'on ne me dérangerait pas !...

LAROUSSE

Absolument, tu peux en être sûr... On ne dérange jamais
.les commissaires de police à quatre heures de l'après-
midi !...

CHAMBÉRI, cédant.

Allons !...

LAROUSSE

Tu veux bien ?... Ah ! c'est gentil, ça !...

CHAMBÉRI

Faut-il que je sois ton ami, hein !...

LAROUSSE

Je te revaudrai ça !...

CHAMBÉRI

Mais ne demeure pas longtemps !...

LAROUSSE

Une heure... pas même... tiens, cinquante minutes !...

CHAMBÉRI, tirant sa montre.

Je les compte !... Ah ! zut !... j'oubliais que ma montre
est cassée...

Chambéri sort, accompagné de Larousse.

SCÈNE X

LAURE (placard), puis LAROUSSE et CLÉMENCE,
puis LE GROOM.

LAURE

Entr'ouvrant son placard. Elle est très rouge de figure et a quitté son corsage. Elle est en corset, jupe, et a conservé son chapeau sur sa tête.

Il est fameusement bon son madère !... je regrette pas mes cent sous... ça m'a réconfortée !... Oh ! j'aurai de la force... (Regardant en scène.) Eh bien !... toujours personne !... j'avais pourtant entendu aller, venir, parler, se taire !... Ce que j'ai chaud !... C'est le madère !... ma foi j'ai enlevé mon corsage... je suis plus à l'aise... sacré madère ! il m'a donné soif !... j'en boirais volontiers une autre bouteille !... Oh ! du monde !...

Elle se renferme dans son placard. Larousse et Clémence entrent.

LAROUSSE

N'est-ce pas ?... j'ai horreur du banal, du déjà vu !...

CLÉMENCE

Mais, est-ce vrai ce que m'a dit madame Louisa ?...

LAROUSSE

Et quoi donc ?...

CLÉMENCE

Vous vous nommez Larousse ?...

LAROUSSE

Oui, madame !...

CLÉMENCE

Et vous êtes commissaire de police ?...

LAROUSSE

C'est encore vrai !...

CLÉMENCE

C'est drôle !...

LAROUSSE

Qu'est-ce qui est drôle ?...

CLÉMENCE

C'est drôle... alors vous pouvez commettre un flagrant délit et le constater...

LAROUSSE

Mais en le commettant, je le constaterai, j'imagine !...

CLÉMENCE

Oui, mais vous ne verbaliserez pas !...

LAROUSSE

Non, j'agirai, voilà la différence !...

> Entre le groom portant un petit lunch sur un plateau. Il y a, entre autres choses, une demi-bouteille de madère.

CLÉMENCE

Qu'est-ce que c'est que tout ça ?...

LAROUSSE

Un petit lunch que vous me permettrez de vous offrir !....

CLÉMENCE

Vous l'avez commandé à madame Louisa ?

LAROUSSE

Oui !...

CLÉMENCE

Et quand ça ?...

LAROUSSE

Mais tout à l'heure, d'un clignement d'yeux !... Oh ! elle connaît mes habitudes !...

CLÉMENCE

Oui !... vous êtes un habitué de la maison !...

LAROUSSE

Oui, plutôt !...

> Pendant le dialogue ci-dessus, le groom a posé le lunch sur la table et est sorti porte A, par où il est entré. Larousse a quitté son pardessus qu'il a installé sur une chaise et Clémence s'est débarrassée de son chapeau à plumes.

CLÉMENCE

C'est très gentil à vous d'avoir commandé ce petit « five o'clock » !...

LAROUSSE

Avec du madère de la maison !... oh ! mais, vous savez !... un madère !...

CLÉMENCE

Vraiment !...

LAROUSSE, changeant la conversation.

Connaissez-vous la chambre truquée ?...

CLÉMENCE, ingénûment.

Non ! c'est la première fois que je viens chez LOUISA & Cᵒ...

LAROUSSE

Oh ! mais je vais vous faire voir !... c'est très bien compris... très curieux... Tenez, venez par ici !...

> Larousse et Clémence disparaissent porte B. Le placard s'ouvre. Laure, de plus en plus rouge, a ôté sa jupe et se trouve en jupon de dessous mauve. Elle a conservé son corset et son chapeau.

LAURE

Sacré madère de madère !... Quel montant !... ma tête tournique !... et ce que j'ai soif !... Eh bien ! et mon mari ?... qu'est-ce qu'il devient ?... Oh ! et puis au fait j'm'en moque de mon mari !... Si seulement j'avais de ce sacré de madère !... (Apercevant le lunch.) Hein !... Un petit repas fin et du madère !... Oh ! quelle bonne fée ?...

> Elle s'empare du madère et rentre dans son placard.

SCÈNE XI

LAURE (placard), LOUISA, puis LAROUSSE et CLÉMENCE, puis LE GROOM.

LOUISA, paraissant porte A.

Pardon !... Hé quoi !... personne !... Ah ! ça !... ils sont déjà de l'autre côté !... ils vont vite !... (Regardant la table.) Ils n'ont pas touché au lunch !... Ah !... cet animal de groom qui a oublié le madère !... Quel imbécile !... Le madère, le plus clair de mes bénéfices !... Une demi-bouteille qui me revient à soixante-quinze centimes et que je vends cent sous.

> Louisa sort porte A. Laure ouvre son placard. elle a ôté son jupon mauve et [se trouve en jupon blanc. Elle est de plus en plus rouge. Elle a toujours corset et chapeau.

LAURE

Quel satané madère !... Est-ce bon tout de même !... par exemple ça me donne chaud !... Toujours personne !... (Apercevant le pardessus de Larousse et le chapeau de Clémence.) Ah ! si !... ils sont là !... Voilà le paletot de Monsieur et le couvre-chef de Madame !... (S'en emparant.) Attends ! attends !...

> Laure rentre dans son placard emportant pardessus et chapeau. Louisa revient porte A, portant du madère.

LOUISA, posant la demi-bouteille sur la table.

Là !... comme ça c'est quatre francs vingt-cinq de gagnés !...

> Louisa sort porte A et Laure rentre en scène portant un pardessus et un chapeau tout abîmés. Elle titube légèrement.

LAURE

J'ai fait passer ma colère sur les vêtements !... ça soulage... là... remettons ces choses à leur place... Ce que j'ai soif !... Ah ! madère, madère de mon cœur !... (Apercevant la nouvelle bouteille apportée par Louisa.) Ah ! par exemple !...

c'est rigolo !... une autre demi... Merci mon Dieu, qui avez
inventé le madère !...

Laure s'empare de la bouteille et rentre dans son
placard. Larousse et Clémence reviennent en
scène porte B.

CLÉMENCE

C'est on ne peut mieux combiné !...

LAROUSSE

N'est-ce pas ?...

CLÉMENCE

C'est génial !...

LAROUSSE

Ah ! si l'on lunchait un brin !... Ça vous va-t-il ?...

CLÉMENCE

Tout de même !...

LAROUSSE

Alors, installons-nous !...

CLÉMENCE

Là, l'un en face de l'autre !...

Ils s'asseyent de chaque côté de la table.

LAROUSSE, n'apercevant pas la bouteille.

Ah ! par exemple !...

CLÉMENCE

Quoi ?...

LAROUSSE

C'est un peu fort !...

CLÉMENCE

Qu'est-ce qui est fort ?...

LAROUSSE

Le madère !...

CLÉMENCE

Le madère est fort ?...

LAROUSSE, se levant.

Il a disparu !...

CLÉMENCE, se levant aussi.

Vous êtes sûr ?...

LAROUSSE,

Absolument !... Le bon petit madère !... la spécialité de la maison !...

CLÉMENCE

Pourtant !...

LAROUSSE

Il y avait une bouteille là, tout à l'heure !... Je l'ai vue de mes yeux !...

CLÉMENCE

Vous avez cru la voir !... vous aviez la berlue !...

LAROUSSE

Non pas ! je vous assure !...

CLÉMENCE

Oh ! c'est bon ! il faut dire qu'on en apporte !...

> Clémence va au cornet acoustique et souffle dedans. Elle remet le petit chapeau. Un strident coup de sifflet lui répond.

LAROUSSE, sursautant au coup de sifflet.

Hein, quoi ! qu'est-ce que c'est ?...

CLÉMENCE

Mais c'est moi, voyons, qui appelle dans le cornet acoustique. (Parlant dans le cornet.) Portez une demi-madère, s'il vous plaît !... (A Larousse.) Là, vous allez être servi à souhait.

5

LAROUSSE, stupéfait, à part.

Mais, voyons, il y avait bien du madère, là !...

CLÉMENCE

Vous disiez donc ?...

LAROUSSE

Je vous disais que j'étais sûr, qu'il y avait du madère sur ce plateau...

CLÉMENCE

Encore !... mais non, je vous dis que vous avez mal vu... moi je ne me rappelle pas avoir aperçu de bouteille !...

LAROUSSE, un peu rassuré.

Ah ! vous ne vous rappelez pas ?...

CLÉMENCE

Du tout !...

LAROUSSE

Je peux me tromper, au fait !...

> A ce moment le groom entre porte A, tenant en main le madère demandé ; il se trouve devant Larousse.

LAROUSSE, prenant peur de la noirceur du groom.

Hein ! Ah ! Ciel ! Qu'est-ce ?

CLÉMENCE, prenant la demi-madère des mains du groom,

Mais c'est le groom, voyons !...

LE GROOM

Oh ! il me connaît bien !

> Le groom sort en courant.

CLÉMENCE

En tout cas, vous avez votre demi-madère, cette fois ?

LAROUSSE

Oh ! cette fois, j'en suis absolument sûr !...

CLÉMENCE

Vous verrez bien qu'elle ne s'envolera pas !...

LAROUSSE

Je vous en verse un verre ?...

CLÉMENCE

Bien volontiers !...

> Larousse verse du madère dans les deux verres,
> puis il va à Clémence et lui prend la taille.

LAROUSSE

Ah ! madame, il est un madère plus capiteux encore !...

CLÉMENCE, se défendant.

Eh bien !...

LAROUSSE

Qui pousse dans les vignes de l'amour !...

> Il s'agenouille.

CLÉMENCE

Etes-vous sincère ?...

LAROUSSE

Comment ! vous croyez que je blague ?...

CLÉMENCE

Eh ! un policier !...

LAROUSSE

Mais avec vous, madame, je ne suis plus un policier...
je suis un polisson !...

> Pendant que Larousse agenouillé continue à faire
> du boniment à Clémence, Laure sort de son
> placard. Elle est absolument ivre, absolument
> rouge, absolument débraillée. Elle a quitté son
> jupon blanc et se trouve en jupon bleu, corset
> et chapeau.

LAURE, à part.

Cochon de madère!... Voyons s'il n'y en a pas encore...
Si!... si!... Et tout versé!... (Elle vide les deux verres à la
file.) Que c'est bon!... (Prenant la bouteille.) Il en reste dans
la bouteille!... (Elle met le goulot sur ses lèvres, boit à même et
vide la bouteille.) C'est délicieux!...

Laure rentre dans son placard.

LAROUSSE, se relevant, à part.

Brûlons nos vaisseaux... (Haut.) Enfin, madame, votre
présence ici ne souffre pas deux interprétations... Vous
venez dans une maison qui indique assez clairement quel
sera le caractère de la visite!...

CLÉMENCE

Mais!...

LAROUSSE

Vous me résistez... c'est pour la forme... Mais moi, je
sais ce qui me reste à faire!...

Il quitte sa redingote.

CLÉMENCE

Que faites-vous, monsieur?...

LAROUSSE

Si je n'avais pas peur, madame, de parler aussi naïve-
ment que feu La Palisse, je vous répondrais que j'enlève
ma redingote.

Il quitte son petit gilet.

CLÉMENCE

Monsieur!...

LAROUSSE

J'ajouterais même que j'ôte mon petit gilet.

Il s'assied sur une chaise et se met en devoir
d'enlever sa culotte.

CLÉMENCE

Oh! monsieur!... un commissaire de police!...

LAROUSSE

Eh bien ! quoi, madame ?... Les commissaires de police
sont vêtus comme les autres hommes et se déshabillent de
la même façon...

> Ce disant, Larousse enlève sa culotte et se lève.
> Il est en chemise, col, cravate, caleçon, chaus-
> settes et bottines. Son écharpe de commissaire
> est enroulée autour de son ventre, sur son caleçon.

CLÉMENCE

Mais si on vous voyait dans ce costume ?...

LAROUSSE

Madame, je porte toujours du linge très propre et je ne
crains pas de l'exhiber !... (A part.) Larousse, mon vieux...
voilà le moment d'avoir du culot !... Buvons un peu de
madère !... (Il va à la table, voit les verres vides et pousse un grand
cri.) Ah !

CLÉMENCE, sursautant.

Quoi ?...

LAROUSSE, absolument terrifié.

Le madère !...

CLÉMENCE

Encore le madère !...

LAROUSSE

On nous l'a bu !...

CLÉMENCE

Comment, on nous l'a bu ?...

LAROUSSE

Mais oui, vous savez bien !... je l'avais versé dans les
verres !... il en restait même dans la demi-bouteille... Eh
bien ! la bouteille est vide !...

CLÉMENCE, se rendant.

Vous avez raison !...

LAROUSSE

Vous voyez bien !...

CLÉMENCE

Ah ! c'est fort !...

LAROUSSE, *sortant son écharpe d'autour de son corps.*

Il y a quelqu'un, ici !...

CLÉMENCE

Des esprits !...

LAROUSSE

Ou des corps !... (Il va pour poser son écharpe à la chaise où est étendu son pardessus.) Ah ! et mon pardessus !...

CLÉMENCE

Quoi ?...

LAROUSSE

Voyez donc comme on me l'a arrangé !...

CLÉMENCE, *trouvant son chapeau.*

Et mon beau chapeau !...

LAROUSSE

Votre beau chapeau !...

CLÉMENCE

Oh !

LAROUSSE

Ah !

Tandis qu'absolument ébahis ils se regardent et contemplent leurs loques, ils n'aperçoivent pas Laure, qui sort de son placard avec les trois demi-madère qu'elle a vidés et qu'elle dépose sur la table. Cela fait, Laure rentre dans son placard.

LAROUSSE

C'est violent !...

CLÉMENCE

C'est incompréhensible !...

LAROUSSE

Nos frusques et le madère ! (Sur ce mot de madère il a jeté un coup d'œil vers la table et a aperçu les trois autres bouteilles que Laure vient d'y déposer.) Ah !...

CLÉMENCE

Quoi ?...

LAROUSSE

Il y a quatre bouteilles vides maintenant sur la table !...

CLÉMENCE

Ah !...

LAROUSSE

Je n'en puis plus !...

SCÈNE XII

LAURE (placard), LAROUSSE, CLÉMENCE, puis CHAMBÉRI et FRONTBOISÉ.

A ce moment le panneau tourne amenant Chambéri et Frontboisé.

LAROUSSE et CLÉMENCE, au comble de la stupeur.

Ah !...

Chambéri a une écharpe de commissaire mise par dessus son paletot. Les glands de l'écharpe pendent par devant entre ses jambes.

TOUS LES QUATRE, ensemble.

CHAMBÉRI : Larousse !

LAROUSSE : Chambéri !

FRONTBOISÉ : Ah ! pincés !

CLÉMENCE : Mon mari !

FRONTBOISÉ, à Chambéri.

Monsieur le commissaire, madame est ma femme, et monsieur est son amant depuis cinq ans !...

CLÉMENCE

Je proteste !...

LAROUSSE, bas à Chambéri.

Animal ! pourquoi es-tu sorti ?...

CHAMBÉRI, bas à Larousse.

Si tu t'imagines que ça a été facile de se dérober...

FRONTBOISÉ, à Chambéri.

Vous dites ?

CHAMBÉRI

Rien !... j'adressais à monsieur un petit reproche...

FRONTBOISÉ

Ah ! ben oui !... c'est comme si vous crachiez dans la mer d'Azof !... Dressez donc plutôt votre procès-verbal !...

LAROUSSE, bas à Chambéri.

Tu vas pas faire ça... hein ?...

CHAMBÉRI, de même.

Je ne sais plus, moi... je suis abruti...

LAROUSSE, haut à Chambéri, d'un ton très digne.

Monsieur le commissaire de police permet-il que je lui adresse à part quelques observations ?...

FRONTBOISÉ, à Chambéri.

Ne l'écoutez pas... C'est autant de mensonges qu'il va vous raconter !...

CHAMBÉRI, à Larousse.

Mais bien volontiers, monsieur.

> Larousse et Chambéri causent à l'extrémité droite.
> Frontboisé est au milieu de la scène et lance des
> regards furieux à Clémence qui est à l'extrémité
> gauche.

LAROUSSE

Quel idiot tu fais !...

CHAMBÉRI

Si tu te figures que ça m'amuse ! Je suis dans mes petits souliers...

LAROUSSE

Un commissaire de police pincé chez LOUISA & C⁰... Vois dans quelle position tu me mets !...

CHAMBÉRI

Pardon, c'est toi-même qui t'y es mis... et tu m'as mis aussi dans la position critique où je me trouve... Si on vient à s'apercevoir que je suis un commissaire de police en toc ?...

LAROUSSE

Mais âne que tu es, je t'avais dit de ne pas sortir de mon cabinet, sous aucun prétexte !...

CHAMBÉRI

Avec ça que ça a été commode !...

LAROUSSE

Il a fallu quand même que tu en sortes ?... Et pourquoi faire ?... pour venir me surprendre ici dans un adultère ?... Et tu t'es présenté dans la rue avec cette écharpe ?...

CHAMBÉRI

Oh ! non, nous avons pris une voiture....

LAROUSSE

Comme si tu avais besoin de le suivre !...

CHAMBÉRI

J'ai d'abord refusé !... mais il parlait déjà du commissaire central... j'ai eu peur pour toi... et je l'ai suivi !...

LAROUSSE

Et où te mène-t-il ?... ici !...

CHAMBÉRI

Est-ce que je savais, moi, qu'il venait ici ?... je l'ai suivi sans savoir où nous allions... et tout à l'heure, en montant l'escalier de LOUISA, j'étais tellement abruti que je
n'ai rien reconnu du tout...

LAROUSSE

Ah ! tu fais du propre !... Non mais tu en fais !...

FRONTBOISÉ, tirant Chambéri par la manche.

Eh bien ! mais, dites donc, on dirait qu'il vous en-
gueule ?...

CHAMBÉRI, à Frontboisé.

Non ! c'est sa façon de parler... c'est un violent !... très
violent...

FRONTBOISÉ

Ah ! oui ?

CHAMBÉRI

Il est Corse !...

FRONTBOISÉ, ironique.

Vous n'avez pas peur ?...

CHAMBÉRI

Eh ! Eh !...

FRONTBOISÉ

Ah ! ça !... Mais, quel drôle de commissaire de police
vous faites ! (Apercevant que Larousse et Clémence se font des si-
gnes.) Tenez, ils se concertent... Allons, M. le commissaire,
finissons-en !...

LAROUSSE, bas à Chambéri.

Pas de bêtises, hein !...

CHAMBÉRI, à Frontboisé.

Que voulez-vous que je fasse ?...

FRONTBOISÉ, étonné.

Dressez votre procès-verbal !

CLÉMENCE, à part.

Nous voilà gentils !...

CHAMBÉRI, à Frontboisé.

Oh ! est-ce bien utile ?...

FRONTBOISÉ, estomaqué.

Comment, si c'est utile ?...

CHAMBÉRI

Oui !

FRONTBOISÉ

Mais, je le crois parbleu bien !...

CHAMBÉRI, d'un ton très gentil.

Si tous les maris cocus étaient aussi exigeants que vous, il n'y aurait pas assez de papier fabriqué sur la terre pour écrire les procès-verbaux !...

FRONTBOISÉ, abasourdi.

C'est pas une raison, ça !... si les autres s'en moquent, moi pas... l'honneur !...

CHAMBÉRI, très sérieux.

Est-ce que vous croyez sincèrement que l'honneur a quelque chose à faire là-dedans ?...

FRONTBOISÉ, baba.

Comment, si je le crois ?... mais... (à part.) Quel drôle de commissaire de police !...

LAROUSSE, bas à Chambéri.

Très bien comme ça, très bien !... continue !...

FRONTBOISÉ, qui a vu leur aparté, à lui-même.

Qu'est-ce qu'ils peuvent bien se dire !... (Haut.) Allons' M. le commissaire, allons ! ne perdons pas notre temps, je vous prie...

CHAMBÉRI

Vous êtes pressé ?... (essayant d'entraîner Frontboisé.) Alors, allons-nous-en !...

FRONTBOISÉ, se dégageant.

Comme ça ?... Ah ! non... non, par exemple... je ne m'en irai pas comme ça !... (D'un ton très ferme.) M. le commissaire, je vous en prie... dressez procès-verbal du flagrant délit !...

CHAMBÉRI

Vous y tenez absolument ?...

FRONTBOISÉ

Il me semble qu'il y paraît !...

CLÉMENCE, suppliante.

Oh ! mon petit mari !...

CHAMBÉRI, apitoyé.

Vous voyez, vous brisez le cœur d'une femme charmante !...

FRONTBOISÉ, tué.

Ah ça ! mais qu'est-ce que ça peut vous faire ?

CHAMBÉRI, très moyen-âge.

Je suis homme avant tout, monsieur !...

FRONTBOISÉ, d'un ton posé.

Monsieur, ce n'est pas la première fois que je fais constater un flagrant délit, mais je vous avoue que je n'ai jamais vu un commissaire de police semblable !...

CHAMBÉRI, très hautain.

Monsieur, je n'aime pas les leçons et je vous déclare !...

FRONTBOISÉ

Moi, je vous déclare que je me plaindrai à qui de droit !..

LAROUSSE, bas à Chambéri.

Pas de blague hein ! tu sais !...

FRONTBOISÉ, à part.

Mais qu'est-ce qu'ils peuvent bien se dire tout bas...
Ah ! quel drôle de commissaire !...

CHAMBÉRI, à Frontboisé.

Pardonnez-moi ! je débute dans le métier !...

FRONTBOISÉ, qui s'explique tout.

Vous n'êtes pas au courant !... il fallait donc le dire !...
Je vais vous y mettre... Je vais poser moi-même les ques-
tions d'usage... si vous le permettez ?...

CHAMBÉRI, se résignant, avec un gros soupir.

Allons !... allons-y !...

FRONTBOISÉ, à part.

Il soupire !... j'ai jamais rien vu de pareil !... (Haut.)
Tenez, mettez-vous là !... (Il fait asseoir Chambéri à la table,
place devant lui du papier, lui met la plume en main, ouvre l'encrier.)
Tenez !... prenez ça !... Là... je vais dicter.

CHAMBÉRI, regardant Larousse qui lui fait signe que oui.

Oui !... comme vous voudrez !...

FRONTBOISÉ, à part.

A la bonne heure !... il devient plus raisonnable !... (Haut.)
Je dicte... Madame s'appelle Marie Clémence Frontboisé,
née Bergouillard en 1877 !...

CHAMBÉRI, se levant à moitié et saluant Clémence.

Oh ! c'est un bien vilain nom !... porté par une bien jolie
femme !...

FRONTBOISÉ, exaspéré.

Ecrivez, monsieur, je vous en prie !...

CHAMBÉRI, se rasseyant.

Voici, monsieur, voici !...

FRONTBOISÉ, continuant à dicter.

Elle est donc, monsieur le commissaire, dans ses vingt-
trois ans !...

CHAMBÉRI, même jeu que ci-dessus à Clémence.

Tous mes compliments !...

FRONTBOISÉ, impatienté.

C'est écrit ?

CHAMBÉRI, se rasseyant.

Oui !...

FRONTBOISÉ

Elle a épousé, il y a six ans, Lucain Horace Ovide
Pharsale Frontboisé... C'est moi, M. le commissaire...
c'est écrit ?...

CHAMBÉRI

Oui !...

FRONTBOISÉ

Elle habite avec son mari 144 bis, rue X... (à Clémence.)
Tout cela est-il exact, madame ?...

CLÉMENCE

Absolument !...

FRONTBOISÉ, allant, très digne, à Larousse.

Votre nom s'il vous plaît, monsieur ?...

LAROUSSE, à Chambéri.

Dois-je répondre, M. le commissaire ?...

CHAMBÉRI, abruti.

Je ne sais pas !...

FRONTBOISÉ

Quoi !... vous ne savez pas ?... Mais oui, parbleu, il doit
répondre... il faut qu'il réponde... (Impérativement à Larousse.)
Votre nom ?...

LAROUSSE, imperturbable.

Chambéri !...

CHAMBÉRI, sursautant, à part.

Comment !... il donne mon nom ?...

FRONTBOISÉ, à part.

Chambéri ! en effet, c'est bien un nom corse !...

CLÉMENCE, à part.

Chambéri !... il donne un faux nom !...

FRONTBOISÉ

Vous avez écrit, M. le commissaire ?...

CHAMBÉRI, abruti.

Quoi ?

FRONTBOISÉ

Que monsieur s'appelait Chambéri !...

CHAMBÉRI, éclatant.

Ah ! ça, non ! par exemple !...

FRONTBOISÉ

Comment non ?...

CHAMBÉRI

Jamais je n'écrirai cela !...

FRONTBOISÉ

Et pourquoi ?...

CHAMBÉRI

Mais parce que... (A part.) Je ne vais pas aller verbaliser
contre moi !...

FRONTBOISÉ, à part.

Quel drôle de commissaire de police !...

> Pendant le dialogue ci-dessus, Larousse se tord
> et Clémence, qui n'y comprend rien, reste hébé-
> tée.

FRONTBOISÉ, essayant de prendre Chambéri par la douceur.

Allons !...

CHAMBÉRI, se levant et marchant à grands pas.

Non ! Non ! Non ! Non ! etc. etc.

FRONTBOISÉ

Plaît-il ?...

CHAMBÉRI

Jamais, entendez-vous, jamais, vous ne me ferez écrire Chambéri !...

FRONTBOISÉ, qui ne comprend pas.

Mais encore une fois, pourquoi ?...

CLÉMENCE, à part.

Oui, qu'est-ce que ça peut lui faire ?...

CHAMBÉRI, bas à Laroussé en passant.

Tu avais besoin de donner mon nom ?...

LAROUSSE, de même.

C'est ce qu'il y a de drôle !

FRONTBOISÉ, à Chambéri.

Mais M. le commissaire...

CHAMBÉRI

Ah zut !... vous m'embêtez vous !...

FRONTBOISÉ

Mais pourtant !...

CHAMBÉRI, très catégorique.

Jamais, jamais, jamais, je ne consentirai à écrire Chambéri sur ce procès-verbal !...

FRONTBOISÉ

Je l'écrirai donc, moi !...

> Frontboisé va pour s'asseoir à la table, Chambéri
> se précipite et l'en empêche.

CHAMBÉRI, enlevant la chaise.

Vous ne vous asseoirez pas !...

FRONTBOISÉ

Oh ! j'écris aussi debout !...

> Frontboisé va pour prendre le porte-plume, mais
> Chambéri s'en empare, le casse en deux et le
> jette au loin.

CHAMBÉRI

Vous n'écrirez pas, et puis, tiens, tiens, tiens !...

> Il éparpille les feuilles de papier, les déchire, les
> froisse, les foule, jette l'encrier, renverse la
> table.

FRONTBOISÉ, à part.

Mais qu'est-ce que c'est donc que ce commissaire de police-là ?...

CLÉMENCE, à part.

Oh ! je m'amuse !...

LAROUSSE, bas à Chambéri.

Tu vas bien !...

CHAMBÉRI, à Frontboisé.

Écrire Chambéri !... Mais pour qui me prenez-vous donc ?... pour un imbécile ?...

FRONTBOISÉ, qui n'y comprend rien.

Comment ?...

CHAMBÉRI

A d'autres, monsieur, à d'autres !...   6

FRONTBOISÉ

Je porterai plainte !...

TOUS, parlant presque ensemble, les uns sur les autres.

CHAMBÉRI (A Frontboisé.) : Eh ! je m'en fous !...

LAROUSSE (A Frontboisé.) : Ah ! non, vous ne ferez pas ça !

FRONTBOISÉ (A Larousse.) : Si ! monsieur, si !...

CHAMBÉRI (A Larousse.) : Eh ! qu'il le fasse !...

FRONTBOISÉ (A Chambéri.) : Eh ! mais certainement !...

LAROUSSE (A Frontboisé.) : Ah ! non, monsieur, non !...

FRONTBOISÉ (A Larousse.) : Si ! monsieur, si !...

CLÉMENCE (A Frontboisé.) : Oh ! non, mon petit mari !...

FRONTBOISÉ (A Clémence.) : Ah ! vous, laissez-moi tranquille !...

SCÈNE XIII

LES MÊMES, LOUISA, MARTHE, ALICE
et LES OUVRIÈRES,

Louisa et les ouvrières entrent porte A.

LOUISA

Eh bien ! qu'y a-t-il ?...

MARTHE

En voilà un tapage !...

ALICE

On se dévore !...

FRONTBOISÉ, CLÉMENCE, LAROUSSE, CHAMBÉRI
ensemble.

C'est monsieur !...

VOIX DE MOUCHE, derrière la porte B.

Au nom de la loi !...

TOUS

Hein !

VOIX D'ESCORÉFÉRINS

Enfoncez la porte, M. le commissaire, enfoncez la porte !

LOUISA, allant ouvrir la porte B.

Ce n'est pas la peine !... on y va !...

TOUS

Qu'est-ce que c'est que ça ?...

Louisa ouvre la porte B et Mouche, Escoréférins
et deux agents entrent.

SCÈNE XIV

LAURE (placard), FRONTBOISÉ, CHAMBÉRI
CLÉMENCE, LAROUSSE. LOUISA, ALICE, MARTHE
LES OUVRIÈRES, MOUCHE, ESCORÉFÉRINS
et DEUX AGENTS.

MOUCHE, une écharpe à la main.

C'est pas malheureux !...

LOUISA, qui ne comprend pas cette descente.

Eh quoi !... Monsieur Escoréférins !...

MOUCHE, apercevant Larousse.

Tiens !... tu vas bien ?...

LAROUSSE

Et toi-même, Mouche ?...

Poignées de mains.

MOUCHE

Pas mal !...

LOUISA, à Escoréférins.

Qu'est-ce que ça signifie ?...

ESCORÉFÉRINS

Vous le savez bien !...

LOUISA, à part

Comment ?...

ESCORÉFÉRINS. apercevant Chambéri.

Tiens, Chambéri !...

CHAMBÉRI

Mon vieux !...

Poignée de mains.

MOUCHE, à Larousse.

Qu'est-ce que tu fais en caleçon ?...

ESCORÉFÉRINS, à Chambéri.

Qu'est-ce que c'est que cette écharpe ?...

CHAMBÉRI et LAROUSSE, chacun à son interlocuteur.

Je t'expliquerai !...

ESCORÉFÉRINS, apercevant Clémence.

Tiens, tu es ici, toi ?... Y a-t-il longtemps que tu es arrivée ?...

FRONTBOISÉ, à part, outré et stupéfait.

Comment ! il tutoye ma femme ?...

ESCORÉFÉRINS, à Mouche..

M. le commissaire, si vous voulez bien ?...

MOUCHE

Allons-y !... Où est votre femme ?...

LOUISA

Sa femme !...

ESCORÉFÉRINS

Je ne la vois pas. (A Louisa.) Où est ma femme ?...

LOUISA

Votre femme !... pourquoi ?...

MOUCHE

Pour la surprendre avec son amant !...

LOUISA

Son amant !... (A part.) Comment, j'écris à M. Escoréférins pour lui éviter un scandale et c'est lui qui m'en fait un !

ESCORÉFÉRINS

Pourtant, je suis sûr que madame Escoréférins est ici...

LOUISA, se souvenant, à part.

Dans le placard... elle doit être partie !...

MOUCHE

Je ne la connais pas... mais tout de même je ne la vois pas !

LOUISA

Moi non plus !...

TOUS

Moi non plus !...

ESCORÉFÉRINS

Cependant madame Louisa me l'a écrit de sa plus belle écriture !... (Montrant la lettre.) « Madame Escoréférins est ici pour ce que vous devez soupçonner !... »

LOUISA, à part.

Alors il a conclu de là que... Ah ! par exemple, elle est bonne !...

ESCORÉFÉRINS

Ma femme est ici, c'est certain... Qu'on la trouve !... le costume de monsieur est déjà un indice...

LAROUSSE

Je vous prie de laisser mon costume tranquille !...

MOUCHE, à Escoréférins.

Laissez le costume de monsieur tranquille !...

FRONTBOISÉ

Ce n'est pas pour votre femme que monsieur est si légè-
rement vêtu !...

ESCORÉFÉRINS

Je n'entre pas dans tous ces détails !... Je constate qu'il
n'est pas naturel de trouver les gens en bannière !...

MOUCHE

Sachez, monsieur, que cette bannière pourrait être le
drapeau de l'honneur !...

LAROUSSE

Mais enfin, monsieur, puisque votre femme est ici, mon-
trez-là...

MOUCHE, ironique.

Pour moi, je ne la vois pas !...

TOUT LE MONDE

Moi non plus !...

ESCORÉFÉRINS

C'est qu'elle est cachée peut-être !... Avec une maison
truquée comme celle-ci !...

MOUCHE

Une maison truquée ?...

ESCORÉFÉRINS

Parfaitement, monsieur le commissaire, ainsi ce panneau !...

> Escoréférins monte sur le panneau qui tourne au
> même instant. Le panneau emporte Escoréférins
> et amène Vermaurel.

SCÈNE XV

LES MÊMES, plus VERMAUREL

TOUS

Ah ! qu'est-ce que c'est que ça !...

VERMAUREL

Ma femme est ici !...

MOUCHE

Un autre !...,

LAROUSSE

Vous vous êtes encore évadé ?...

VERMAUREL, désignant Larousse.

Voici son amant !...

TOUT LE MONDE

Comment ?...

ESCORÉFÉRINS, entrant porte B.

Eh bien ! qu'est-il arrivé ?...

VERMAUREL, apercevant Chambéri.

Et son autre amant !...

TOUT LE MONDE

Oh !...

FRONTBOISÉ, à Vermaurel.

Vous songez à ce que vous dites ?...

VERMAUREL

Parfaitement !...

FRONTBOISÉ, désignant Chambéri.

Monsieur est commissaire de police !...

TOUT LE MONDE, sauf Larousse, Clémence, Frontboisé
et Chambéri.

Lui !...

MOUCHE

Allons donc !... lui ?...

Chambéri cache son écharpe.

FRONTBOISÉ

Parfaitement, lui !...

VERMAUREL, désignant Larousse.

Mais non, le commissaire de police... le voilà !...

FRONTBOISÉ, désignant Larousse.

Lui !... Ah ! non, c'est un nommé Chambéri, l'amant
de ma femme !...

VERMAUREL

De la vôtre aussi ?

FRONTBOISÉ

Mais, parfaitement !...

VERMAUREL, lui serrant la main.

Oh ! pauvre vieux !...

ESCORÉFÉRINS

Et probablement de la mienne !...

MOUCHE

Je n'y pige goutte !...

CLÉMENCE

Moi non plus !...

LAROUSSE et CHAMBÉRI, ensemble.

LAROUSSE (Bas à Mouche.) : Je vous expliquerai !...
CHAMBÉRI (Bas à Clémence.) : Je vous expliquerai !...

VERMAUREL

Qu'a-t-on fait de ma femme ?...

ESCORÉFÉRINS

Où a-t-on mis la mienne ?...

FRONTBOISÉ

Qui m'écrira mon procès-verbal ?...

LAROUSSE, à Vermaurel.

D'abord vous, je sais où elle est votre femme !...

VERMAUREL

Où ça ?...

LAROUSSE

Je vais vous y faire mener... (Aux agents.) Agents !... conduisez-moi ce bonhomme-là au poste !...

VERMAUREL

Encore ?... Ah ! non !...

LAROUSSE

Il s'est déjà évadé deux fois... s'il s'évade une troisiè-me, je vous révoque.

Les agents s'emparent de Vermaurel.

FRONTBOISÉ, à Larousse.

Dites donc, vous parlez bien haut, vous ?...

LAROUSSE, aux agents, désignant Frontboisé.

Par la même occasion, embarquez-moi ça aussi !...

LES AGENTS

Bien, M. le commissaire.

Vermaurel et Frontboisé se débattent et crient.

VERMAUREL

C'est une indignité !...

FRONTBOISÉ

C'est un assassinat !...

ESCORÉFÉRINS, à Mouche.

Mais enfin, monsieur le commissaire, il est inadmissible que l'on trouve tant de maris et que l'on ne puisse pas découvrir une seule femme !...

MOUCHE

Pourtant, monsieur !...

ESCORÉFÉRINS

Parbleu !... vous ne cherchez pas !... je sais certain placard !...

MOUCHE

Un placard ?... Où ça ?...

ESCORÉFÉRINS, désignant du doigt le placard de Laure.

Ici, monsieur... Elle y serait peut-être !...

> Escoréférins va vers le placard.

LOUISA, à part.

Elle doit être partie !

> Escoréférins va ouvrir le placard, pousse un grand cri et, en tournoyant, vient s'abattre entre les bras des ouvrières. Même jeu de Larousse. A son tour, Mouche va au placard.

MOUCHE

Eh ! quoi ! c'est votre femme, ça ?...

ESCORÉFÉRINS

Hélas oui !...

> Laure complètement en chemise, avec son chapeau, ses bas et ses souliers, grise comme vingt polonais, rouge comme vingt homards, sort du placard.

LAURE, chantant.

Le madère est un vin
Divin
Qui vous met une flamme
A l'âme.

ESCORÉFÉRINS, à Mouche.

Verbalisez, monsieur, verbalisez !... (Montrant Larousse et Laure, et d'un ton joyeux.) Monsieur en caleçon, ma femme en chemise... je crois que je le tiens mon divorce !...

TOUS

Comment ?...

ESCORÉFÉRINS, très gaîment.

Mesdames, et vous messieurs, voilà le plus beau jour de ma vie... le jour où je pince ma femme...

FRONTBOISÉ et VERMAUREL

Drôles de goûts !... pas pour moi...

CHAMBÉRI

C'est une affaire de tempérament, car...

Chantant sur l'air du lever du rideau :

CHAMBÉRI et LAROUSSE

Il est des maris...

TOUS

Ris, ris...

CHAMBÉRI et LAROUSSE

Cornards bien connus,

FRONTBOISÉ et VERMAUREL

Qui sont très marris...

TOUS

Ris, ris...

FRONTBOISÉ et VERMAUREL

D' leurs malheurs cornus ;

ESCORÉFÉRINS et CLÉMENCE

Mais les gens d'esprit...

TOUS

Prit, prit...

ESCORÉFÉRINS et CLÉMENCE

Toujours ont vécu...

TOUS

sauf Laure qui, retournée à la table, vide une dernière fois les bouteilles de madère ; et sauf Vermaurel et Frontboisé, qui, dans les bras l'un de l'autre, mélangent leurs douleurs conjugales.

Dans un beau mépris
Pris, pris,
D'être faits cocus.

RIDEAU

Annonay (Ardèche). — Imp. J. ROYER.

PIÈCES EN UN ACTE

TRÈS FACILES A MONTER

Tout le corps d'armée y passera ! *Opérette militaire.*

Chez le Commissaire, *Bouffonnerie mêlée de chant.*

Pour une Pipe, *Vaudeville.*

La Cantine du 213ᵐᵉ, *Pièce militaire mêlée de chant.*

Chauffeurs, *Opérette.*

Pendant la crise, *Vaudeville.*

Le 57ᵐᵉ Dragons, *Pièce militaire mêlée de chant.*

La Kleptomane, *Vaudeville.*

Ces Dames au foyer ! *Fantaisie à grand spectacle.*

Noces d'argent, *Vaudeville.*

Suzanne m'aime trop ! *Vaudeville.*

Ce sacré Lapoire ! *Folie-Vaudeville.*

Je viens pour Réséda ! *Vaudeville.*

www.ingramcontent.com/pod-product-compliance
Ingram Content Group UK Ltd.
Pitfield, Milton Keynes, MK11 3LW, UK
UKHW021747090726
13657UKWH00002B/986